Adolescentes

S.O.S.

Poesía e historia

Pilar Reyna Rodríguez

Adolescentes
S.O.S

Poesía e Historia

PILAR REYNA R.

Libro Inteligente

Dedicatoria

A mi hijo Oscar Alejandro, un adolescente de trece años que talvez se preguntará, por qué la dureza de su madre al corregir sus errores. A mi hijo Jeremías un niño de cuatro años a quién la tecnología lo ha cautivado pero que seguramente se hará tantas preguntas en su adolescencia. A mis estudiantes, adolescentes incomprendidos, muchas veces sumergidos en los problemas sociales y que necesitan un respiro. A todos aquellos adolescentes que piden a gritos desesperados, ser escuchados, ser amados, ser valorados en una sociedad que los echa a menos y que han olvidado que un día también fueron adolescentes...

https://www.facebook.com/InspiracionesdePilar

https://www.instagram.com/pilar_adolescentes/?hl=es

Pilar Reyna Rodríguez

Nace en Manta, un cantón de la Provincia de Manabí en Ecuador, el 3 de junio de 1979. Graduada como Licenciada en Comunicación Social en la Universidad Laica Eloy Alfaro de Manta (ULEAM), es docente de Lengua y Literatura desde el 2009 logrando su nombramiento del Ministerio de Educación del Ecuador el 21 junio de 2013. Obtiene sus Masterados en Docencia Universitaria en la Universidad Internacional Iberoamericana de México (UNINI) y en la Universidad Europea del Atlántico (UNEATLANTICO) de España.

Como catequista, líder comunitaria, docente y madre de dos varones, siente la necesidad de escribir desde el sentir de los adolescentes. En las aulas les impulsaba a escribir historia en donde plasmaban sus necesidades, problemas y sueños en un mundo de adultos incomprensibles.

Prólogo

Adolescentes, S.O.S emerge desde las experiencias vividas por la autora en su adolescencia tierna, las historias contadas por sus estudiantes quienes encontraban refugio en ella para contarles sus vivencias en familia y el señalamiento de la sociedad.

En un mundo de adultos, el adolescente se siente solo, incomprendido, juzgado, atrapado entre el niño mimado y el joven que se enrumba con sus decisiones. Adolescentes que recurren equivocadamente a los "consejos" de sus amigos de aula o de barrio en busca de una salida a sus problemas familiares o sociales.

Allí nace este libro de Poesía e historia, una recopilación de varias poesías que son gritos desesperados de millones de adolescentes que no tienen voz y que prefieren callar ante las injusticias de la sociedad que aún no entienden que ellos no son el futuro y que quieren y necesitan formar parte inclusiva de esta humanidad que cada vez los desvaloriza, como queriendo enterrar ese espacio de tiempo que ellos también vivieron... la adolescencia.

Exhorto a los adultos a leer éste libro para que recuerden que ahora pueden cambiar el curso de la historia y no continuar con el circulo vicioso al que estamos acostumbrados. Adolescentes, este libro es por ustedes.

Adolescentes
S.O.S
Poesía e historia

Pilar Reyna Rodríguez

Índice

Capítulo 1

Adolescente

Quien entendiera este amor

Que sentimos tu y yo

En la puerta del colegio

Nació esta ilusión.

Tu mirada y la mía

Se encontraron las dos

Desde aquel momento

Nada nos separó.

Que adolescentes somos

Que solo es una ilusión

Eso dicen los adultos

Eruditos en el amor.

Yo solo sé que te quiero

Con todo mi corazón

Y si el destino lo quiere

Para siempre será la unión.

Gritos desesperados

Profanaron el altar

Que fielmente yo cuidaba

Sin permiso, sin piedad

Mis gritos no escuchaban.

Mis ojos te clamaban

Y tú no me ayudaste

Sin fuerzas sin esperanzas

A un vacío me arrojaba.

Los días pasaban fugaces

Para mí horas pesadas

En mi memoria seguían grabadas

Como un cuchillo en mi alma.

No fui nada, no soy nadie

Una piltrafa allí tirado

¿Qué derechos que me salven?

De las manos del tirano.

Ya pasaron aquellos años

De desgracia inmesurada

Y en mí queda el recuerdo

Con pesadillas diarias.

Un grito desesperado

Por aquellos que callan

El amigo es enemigo

Un verdugo está en la casa.

Enamorado

Hoy en un día especial
Y te quiero regalar
Mis palabras en un verso
Mi corazón en un cantar.

Eres tú mi cielo
Que yo quiero alcanzar
Esa estrella refulgente
Que brilla en mi oscuridad

Tu mirada me inspira
Tu sonrisa me cautiva
Estoy enamorado
De ti mi linda niña.

Si el suspiro fuera beso
Lleno de ellos estuvieras
Este amor me tiene
Prisionero en tu celda.

Primera vez

Soy feliz y no sé hasta cuando
Mi cuerpo experimentó el amor
Nuestras almas en un todo se juntaron
Nerviosos, empáticos y llenos de sudor.

Tú me guiabas algo dudoso
Yo te ayudaba con mucho rubor
Delicado me hablabas al oído
Te amo mi cielo, mi amor.

Yo sin palabras abracé tu espalda
Y mis ojos cerrados buscaban
El latido de tu corazón.

Con cariño besaste mi frente
Con sutileza me diste una flor
Miraste a mis ojos sonriendo
Y cálido tu abrazo me cubrió.

Yo existo

Quien me entiende a mí

En esos días grises

Quien me entiende a mí

En aquellas horas tristes.

Nadie está en mis zapatos

Y me juzgan sin entender

También quiero mi espacio

Respeto, apoyo y fe.

Soy humana, a veces se olvidan

También existo para opinar

Aunque me hacen sentir fantasma

Estoy aquí, soy real.

De carne y hueso, una persona

Dame tu mano, soy parte de casa

Soy tu familia, parte de ti.

Soy diferente

Me observan y se ríen

Sin siquiera disimular

No entienden, soy diferente

No quiero ser como los demás.

Me gusta mi personalidad

Me siento bien como soy

Por qué he de cambiar

Mi estilo y lo que soy.

Que mi forma de vestir

Que mi forma de caminar

Que no encajo allí

Seguro no encajaré allá.

Y no quiero agradarles

Para hacerlos felices

Soy feliz en mi mundo

Sin estereotipos enfermizos.

Los trece de horror

Está cambiando mi fisionomía

Siento que es una agonía

Se acongoja mi corazón

A veces sin ninguna razón.

No encajo en las fiestas

Ya no soy un niño dice mamá

Aún no soy un joven

Estoy encrucijado en una edad.

Mi voz de repente cambia

Vellos crecen por doquier

Quién ha robado mi inocencia

Aquella que tenía ayer.

Me encierro tanto en mí

Ya no quiero salir a jugar

Me atrapa la tecnología

Es mi escape de la realidad.

Me otorgan responsabilidad

Tengo horarios y reglas también

No soy el niño de papá y mamá

Dicen que he crecido, ya lo sé

Alguien se adueñó de mi cuerpo

Porque siento que soy un niño

No quiero cambiar no quiero

Me da miedo el destino.

¡Ayúdame, no me ignores!!

Ayúdame, no me ignores
No sé cómo llegué aquí
Me siento gorda y fea
Ya no quiero existir.

Ayúdame, no me ignores
Que no entiendo que pasa aquí
Las horas son eternas
Cuando me hiero sin un fín.

Ayúdame, no me ignores
Que el espejo sin piedad me acusa
Eres gorda, estas gordas
Lo lamento, no tengo excusa.

Ayúdame, no me ignores
Que con esto quiero acabar
Es una gran pesadilla
De la que quiero despertar.

Ayúdame, no me ignores

Sé mi amigo hazme entender

Que lastimarme no es la salida

Que las cicatrices allí quedarán.

Ayúdame, no me ignores

Por favor hazme entender

Que la belleza se lleva por dentro

Y que el espejo es enemigo cruel.

Ayúdame, no me ignores

Que vomitar no quiere más

Esta enfermedad es un fantasma

Que con mi vida quiere terminar.

Ayúdame, no me ignores…

No me acuses

No me acuses, no me acoses
No señales tu índice a mi
Que otros dedos de tu mano
Te acusan con precisión a ti.

No me acuses, no fatigues
Mi humor, mi personalidad
Que espacio tenemos tanto
Para vivir sin discriminar.

Que soy negra, que soy flaca
La apariencia no te hace humana
Que soy tímida, un poco parca
No sabes a ciencia cierta mis batallas.

Mi tez no me hace ladrón
Mis vestidos no cubren mi alma
Sé valiente conóceme más
Y no me juzgues con palabras vanas.

No me acuses, ten el valor
De mirarme fijamente a la cara
Soy como tú, hazme el favor
No discrimines mi pesada carga.

Dame valor
(carta a papá)

Necesito tu amor hoy lo sentí
Mamá bien me ha cuidado
Con todo su amor febril
Aun así desperté pensando en ti.

No recuerdo cuando fue el día
Que por última vez te vi
No sé por qué no me buscaste
No entiendo por qué te perdí.

Mamá siempre se ha esmerado
Por suplir tu ausencia papá
He visto cuando se ha derrumbado
Orando por mi bienestar.

Es fuerte mi madre, lo sé
Mil batallas supera día a día
Y aun así no he entendido
Por qué te anhela la vida mía.

He crecido, soy adolescente
Y he contado con tanta suerte
De tener a una guerrera a mi lado
Y aun así mucho te he pensado.

Dame valor, necesito de ti
Quiero tu abrazo, tu amor de papá
No juzgaré tu abandono
Más, a tiempo estas de rectificar.

Decisiones

Mamá no me preguntó jamás
Si era bueno dejar a papá
Mamá asintió sin más
Que su decisión era normal.

Mamá no me preguntó jamás
Si yo quería otro papá
Mamá asintió sin más
Que su decisión era ideal.

Mamá arregló las maletas
Sin destino cierto quizás
Yo de su mano agarrada
Sin conocer el sino final.

Mamá trabajó arduamente
Por darme un mejor porvenir
Tres hijos eran suficientes
Para apoyo de un hombre pedir.

Mamá se unió a otra vida
Y arrastró la nuestra también

Llorando y sin encontrar salida
Sin saber el porqué, por qué.

Ya mi vida adolescente tierna
Miraba al cielo suspirando
Era inmenso tan lejano
¿Dios existe? Fui preguntando.

Como castigo divino acaso
Luego de varios años
Ya casada y con un regalo
La vida me fue multando.

El mismo ciclo y mi decisión
Como boomerang regresando
Me queda la incógnita latiendo
¿Mi hijo, lo mismo habrá preguntado?

No tengo identidad

¿Qué me pasa? Me siento una oruga
En proceso de transformación
Me siento feo, me siento extraño
No encajo, y sin razón.

No soporto a la gente
Con caretas teatrales
Encerrado en su mundo
De los adultos normales.

Mi opinión viene a menos
En un problema importante
Que la economía, la política
Son temas de los grandes.

Cuida a tu hermano, juega con él
Allí debes ser responsable
Limpia el piso, debes comer
De la escuela no llegues tarde.

No soy de aquí, no soy de allá
Todo esto es una constante

Es la edad, bipolaridad

Rebeldía, resalta mi padre

Cuando alzo mi voz de enojo

De impotencia y de congojo.

Las reglas quiero romper

Los adultos con sus reglas
Que ni ellos pueden cumplir
Nos limitan, nos castigan
¡Sin libertad… no puedes salir!!

Es la cárcel esta mi casa
Con horarios tan estrictos
Arregla tu habitación
Duerme temprano sin decir ¡pío!

¿Qué te hago si lo encuentro?
Dice a veces mi mamá
Cuando algo que yo busco
A la vista no está.
¡Tú no te mandas solo!
¡Ya tendrás hijos y verás!
¡Esta casa no es hotel!
¡Tanto sacrificio por ti, para qué!

Reglas, reglas y más reglas
Que no debes romper
Porque las frases más célebres

Mamá las dirá, en un dos por tres.

¡Porque lo digo yo y punto!

¿Crees que estoy pintada en la pared?

Mientras vivas en esta casa….

tus amigos se lazan del puente, ¿tú también?

Y siguen con sus frases

que debemos entender

porque palabra de madre

es Dios que habla también.

¡Algún día me vas a agradecer!

Cuando corregirnos quieren talvez

¡Te estoy hablando, cuento hasta tres!

Cuando dos cosas no quiero hacer a la vez

¡Que yo sepa no soy tu empleada!

Cuando le pido me haga un café

¿Crees que soy el banco de España?

Cuando dinero quiero con rapidez.

Reglas y más reglas

Amenazas también

Reglas y más reglas

Que las quiero romper

Quiero ser YouTuber

Quiero ser famoso, se lo dije a papá
Quiero ser youtuber y contenidos crear
Tener millón de suscriptores y muchos más.

Quiero ser youtuber y cautivar
A los fans del espacio sideral
Y con mis ocurrencias ganar
Fama, dinero y popularidad.

Quiero en la web navegar
Y con otros amigos comentar
Los juegos del minecraft
Del lol o el juego de actualidad

Quiero ser youtuber y crear
Millones de fantasías publicar
Yo sé que lo puedo lograr
La inspiración la tengo ya.

Destino incierto

Crecí en la calle, sin identidad

Mi madre fue la soledad

Me hizo fuerte la necesidad

sobreviviente de la desigualdad.

Entre calles y avenidas de la ciudad

La lluvia, el granizo y la fría acera

Un cartón es mi colchón ideal

Cuando a casa no quiero regresar.

El hambre a veces aqueja

El sueño siempre lo apalea

Estirar la mano ya no es buena idea

Las leyes lo impiden, ya no dejan.

Mi historia la sé a medias

Una familia disfuncional

Un padrastro que maltrata

Idea perfecta es escapar.

Juego de niños

Alguien crece dentro de mí
No planifiqué su venida
Soy apenas una adolescente
que exploró cosas nuevas.

Le conté a aquel niño
Con quien la vida me jugué
Me dijo hazte cargo
Eso no puede suceder

Jamás me tocó disponer
Siempre decide mi familia
Hoy en la sala de un hospital
Un asunto debo resolver.

De pronto alguien se acerca
Y con suave voz angelical
Me dice que sea valiente
Que él me dará felicidad.

Le respondí muy temblorosa

Que defraudé a papá y mamá

Que seguro me darán la espalda

Y del hogar me arrojaran.

He cometido un error

Así me dirán los demás

Que la vida he desperdiciado

Que debí gozar mi edad.

Pero yo pregunto a todos ellos

Quién me dijo qué hacer

Cuando las hormonas despiertan

y cuándo debió suceder.

Siempre reglas estrictas

Sin decirnos el por qué

El tabú de nuestra sexualidad

Nadie lo quiere romper.

La escuela

Bendita época escolar
En donde exploramos tantas cosas
Los amigos, sus ocurrencias
Sus vicios, miedos, sus vidas locas.

Debes saber elegir bien
Con que grupo te identificas
Es como jugar de cerca
Con la mágica ruleta rusa.

Si con los nerds te juntas
Te crucificas de entrada
Si es con la pandilla del Viruta
Eres ya de su manada.

Si no te acercas a nadie
Te quemas solo sin compañía
Y si te enamoras de alguien
Debes mostrarle valentía.

Negro soy

Ladrón me llamas y me acusas
Injustamente y sin piedad
Cuando subo al bus que te encuentras
La cartera aprietas sin disimular.

Si me acerco a ti de repente
Te asustas solo con mirar
Que mi piel es tan oscura
Y tu mente empieza a divagar

Me observas de pie a cabeza
Disimulando, lo haces mal
Tu mirada te delata
Y tu conciencia no sabe actuar.

No piensas que puedo ser deportista
Un ingeniero, un militar
No se te ocurre siquiera
Que la vida es un boomerang.

Vive tu vida

Vive tu vida y déjame en paz
Que más te da lo que hago
Déjame disfrutar, la vida es una
No quiero dejar de farrear.

Me gusta la disco y la diversión
Salir con amigos y el descontrol
Fumar marihuana, sexo a montón
Vivir la vida siempre a millón.

Eso dijo una chica con tanta emoción
Al bajar de su casa por el balcón
De pronto un auto se atravesó
No pude salvarla, ella murió

Me pregunto desde entonces
Por qué tanta prisa
Por qué no disfrutar el caer de la brisa
Ser adolescente despacio y sin prisa.

No te calles

No te calles si te acusan

No te calles si abusan

No te calles si la amenaza

Como daga de a poco te mata.

No te calles si las barreras

Quieren destrozar tu ego

No te calles si la vida

Te abofetea la cara.

No te calles ten valor

Para decir lo que sientes

No te calles se valiente

Sin ofender, alza la frente.

No te calles si tu voz

Salva a un inocente

No te calles si el rencor

Ciega a tanta gente.

No te calles por favor....

Pintor

Pintor que deslizas tu mente

Haciendo mil formas con tus manos

Pinta el alma que llevo dentro

Con colores de esperanza y de fe.

Llena los cráteres de mi vida

Llevando tu pincel a mi corazón

Y dibuja una enorme puerta

Para que salga esta gran ilusión.

No me abandones oh pintor

Ven y lléname de color

Esparce el arcoíris en mi vida

Para regocijarme con su fulgor.

Gustos

Tú me gustas, yo te gusto

Me gusta las flores y el vino

Me gusta el cielo con su destino

Pero, ¿qué es el gusto?, no adivino!!

El gusto de juntar tu boca con mi boca

El gusto de sentirme bien

Hace que me guste el gusto

De gustarme otro ser.

Si a ti te gusta o te gusto

Me de gustar conocerte

Pues si te gusta y me gusta

Nos gustaremos con gusto.

Soledad déjame volar

Me siento desconsolada en medio de tanta gente

Mi sonrisa se extingue lentamente

En mi desesperación no encuentro una salida

Que me deshecha el corazón

Que me hiere y me lastima

Las horas se hacen eternas me siento desgarrar

El nudo en mi garganta no me deja respirar

Me estoy derrotando sin empezar a pelear

Y me pregunto mil veces ¿qué me hace dudar?

Qué me encadena a encontrar la felicidad ¡

Mi respuesta solo es una: me da miedo la soledad.

Oh soledad despiadada, déjame volar libre

Yo quiero surcar los aires no me tomes de las alas

No quiero ser estafermo toda la vida

Quiero derrochar esta lumbre que me quema

Esta ermitofobia me está acechando

Déjame volar libre por los campos.

Amistad

Siete letras, una palabra

Un concepto de sinceridad

Dos o más corazones

Que vibran en un solo cantar.

Amistad yo te canto

En un himno de amor

Porque quien no tuvo amigos

La soledad lo consumió

Al ritmo de la vida,

bailemos sin cesar,

que la amistad es un don

Que Dios nos regaló

para la vida disfrutar.

Pasa el tiempo

¿Qué son los años?, acaso una excusa para no saber que el tiempo transcurre de prisa y te consume y de a poco te deja ver que el corazón envejece, y el alma de eso es testigo fiel. Que la vida es como la hoja de un libro que depende lo que escribes ya no puede volver atrás y como los minutos del reloj, pasa fugaz y ni cuenta te das.

¿Entonces… es cuestión de vivir,
Sin sentir, sin pensar, ¿sin ni siquiera respirar?
O es falta de frenesí por la desidia quizás.?
No quiero días efímeros, o puestas de sol
No quiero aurora boreal, ni idílicos momentos que merman mi afán.

Quiero días felices, desde la primera luz del alba
Quiero un jocundo instante entre la hora del día en que no piense en las grietas de mi corazón. Y allá en el rincón de las cosas guardadas ver la foto de mi amada musa de mi inspiración.

Capítulo 2

Acrósticos adolescente

Valentía

Vilmente la vida te puede tratar

Airoso siempre vas a triunfar

Luz eres en el camino de oscuridad

Eres aliento de quien no quiere batallar

No te rindes ante la adversidad

Tenacidad, fortaleza te hacen integral

Inteligente y capaz para superar

A las barreras que te quieran debilitar.

Soy único

Si Dios me creó con amor

Ondeando mis formas

Y dándome una pizca de color.

Un molde hizo y no dos

Niño él me instauró

Imaginándome a su imagen

Con su pincel y su barro

Orgulloso estoy de quien soy.

Liderazgo

La sangre me llama a ser especial

Ideales tantos conquistar

Dar en la lucha todo el aliento

En la cima podré estar

Regocijado de lograr

Anhelos míos y de los demás

Zagal soy hoy, un hombre mañana

Gozando de la libertad

Orgulloso de los retos logrados.

Adolescente

Ah que edad tan revoltosa

Difícil e incomprendida

Oh que edad tan llena de sorpresas

La ideal para descubrirme yo misma.

En esta edad del burro dicen unos

Soy quien soy sin disimular

Con mis altos y bajos de niño

Encuentro mi yo interior

No espero que el mundo me entienda

Tan solo quiero respirar paz.

En esta edad, me siento enamorar.

Capacidad

Con audaz forma de ser

Astucia y estimulo también

Podré ser siempre capaz

Alcanzar mis metas, lo sé

Con valores de responsabilidad,

Intelecto, raciocinio y madurez

Demostraré mi potencial

A gran escala llegaré

Dando lo mejor de mi ser.

Familia

Feliz y bendecida estoy

Agradecido con el rey celestial

Mi abrigo, mi sostén, mi hogar

Indiferentes algunas veces

Leal y confiables, además

Inigualable siempre es la familia

Aunque la convivencia no sea la ideal.

Familia

Fe

Amor

Motivo de unión

Inigualable y especial

La familia es la familia

Idénticos a papá o mamá

Anhelo y paz

Identidad

Inspirada está mi alma

Dios me hizo a su imagen y semejanza

En este mundo no hay otro como yo

No tengo dobles, se rompió el molde

Tengo mi yo interior que me habla

Inspirado esta mi ser

Dios obra en mí cada vez

Anida en mí la efervescencia

Decreto como lumbre su presencia

Vida

Vivir a plenitud

Inusitada adolescencia

Disfrutando cada etapa

A su tiempo, con conciencia

Adrenalina

Alegría desmedida

Dardos de emoción

Regocijo en el alma

Encanto en la acción

Necesidad de descubrir

Amores a millón

Latiendo el corazón

Ingenuamente a descontrol

No hay edad más maravillosa

Aquella que vivo hoy.

Decisión

De los actos de la vida

En que no sabes que hacer

Con consciencia medida

Intentas cosas resolver

Son decisiones que tomas

Imanes de emociones talvez

Ostentando ser adultos

No sabiendo qué hacer.

Capítulo 3:

Otras poesías

Hijo mío

(a mis dos amores)

Eres en mi vida como el verde campo que crece
majestuoso y natural;

eres en mi vida el agua cristalina, rio de agua viva que
baña mi ser con tal suavidad.

Eres en mi vida la gota de rocío, el sol de las mañanas
que aviva mis mejillas con su luz celestial

Eres en mi vida el aire que da vida, el viento que juega
travieso, eres el dulce respirar.

Eres en mi vida el amor infinito como el cielo despejado
o como el inmenso mar

Eres en mi vida mi bella alegría y mis noches de
desvelos cuando te sientes mal.

Eres en mi vida el regalo del cielo, mi motor, el anhelo
de que seas eterno y poderte siempre cuidar.

Eres en mi vida el hijo que ansié, y con la venia de Dios
hoy te puedo amar. Eres la melodiosa canción, el
inefable amor de tu mamá.

Carta a mis hijos

Es tan hermoso saber que tú existes, que puedo sentir tu respirar y mirarte a los ojos y verlos brillar. Acariciar con mis dedos tu boquita infantil y rozar tu angelical rostro con amor febril. Parece mentira mi ángel que estuviste dentro de mí, tan tierno y sereno, tu corazón latía a mil, queriendo descubrir un nuevo mundo lleno de color y vida para ti.

Hijo amado, vida mía; quizás ahora no entiendas este sentir de una madre que ansía que toda la vida seas feliz, no obstante, no me ciego; sé que al pasar el tiempo como ráfagas sin darnos cuenta tú serás un gran hombre en busca de tu cenicienta, lleno de sueños y emociones vivirás idílicos momentos y otros tantos en el que sentirás coprofagia emoción.

Mas, yo soy tu madre quien te tuvo en su vientre como una gota de rocío llena de amor, seré tu columna cuando sientas perderte o sólo escucharte si mil ideas tienes. Seré quien te recibe con brazos abiertos para darte consuelo o felicitar tu actitud. Seré siempre tu madre quien jamás cerrará las puertas de su corazón.

Señora Luna

Luna, quiero el reflejo de tu rostro impregnado en el mío, quiero el reflejo de tu faz para sentirlo en mi piel, quiero tan solo una noche que me cobijes en ti, como una almohada de ensueños que vele por mí.

Luna, encantadora señora, mangata llena de luz, explícame por qué el majestuoso cielo se llena de esplendor con tu fulgor.

En esta noche cálida, alumbrarme de ti yo quiero, sentir en el viento la caricia de tu luar majestad; y en las olas del mar atisbar tu plácida faz.

Cómplices de los amantes que escondes secretos de amor, que bajo la sombra de tu abrazo permites caricias y los llevas al alba con tu inconmensurable esplendor.

Juguetona bella señora, preguntas tantas que yo quiero hacer, porque eres incógnita que muestras el camino que quiero recorrer cuando en las noches oscuras sin ti no podría ver.

Cajita de sorpresa

Quien a la vida no le debe nada,

No ha dado respiro, no pudo caminar

Quien dijo que no fue feliz,

Mintió una y otra vez

Pues, aunque sea una sola vez en la vida

Dios nos dio felicidad

Sea al parir un hijo, o al ver nacer una flor

Al tener un pan en la mesa o una colcha de algodón

Quien se fue a la tumba y no valoró el don que el
creador le otorgó, no abrió los ojos cuando los iba a
cerrar.

Otra Oportunidad

(En alusión al covid-19 y al despertar humano)

Una o dos gotas salivales bastaron
Para cambiar el rumbo de la historia
No hubo armas de guerra nucleares
Solo el contacto entre seres humanos.
Que tantos leían la biblia, descifrando el trágico final
Que no hay diluvios decían, llamas eternas quizás
Que la tercera guerra venía, que el planeta va a colapsar
Y nadie se detenía, tan solo un momento a pensar
Que un virus con corona quería venir a reinar.

La paradoja de esta historia, tan cruel y tan horrenda
Es que la reina venía en aviones y cruceros de primera
Con bofetadas a la plebe y hasta al mugriento de la acera
A quienes le echaban las culpas de las plagas y miserias.
Dos gotitas salivales escriben hoy esta gran historia
Ya no hay besos y abrazos, solo miradas a distancia
Dos gotitas salivales que caen apuradas a la calzada
Esperando llegar a tus amigos, familia, a tu casa.
Científicos averiguan lo que se salió de control
Jugando a ser dioses, dicen: "hay sobrepoblación"
Exterminándonos como a ratas, para salvar el planeta

Es verdad, hoy respira, no sentíamos su clamor
La tierra respira porque nos quedamos en casa.
¿Será aquello la ley del talión?

Como novela de ficción, han pasado los años
Ya el humano de a poco se va adaptando
A vivir con el sempiterno y mísero gusano
Estoicos algunos, derrotados tantos
El final horrendo no estaba predestinado
Hasta tanto, todos siguen batallando.

Y volviendo a la biblia porque yo creo en Dios
Esto es sólo el principio de una gran tribulación
Arrepiéntete hermano y empieza a valorar
Esta vida bendita que pronto se puede esfumar
Sé solidario con tu prójimo, egoísta no seas más
Que, si aprendes a compartir, aprenderás a amar
Las cosas sencillas de lo que Dios nos da.
Seamos justos, serviciales, emprendedores, ser capaz
De cambiar el mundo, de reescribir la historia
Sé más consciente, humano y sólo Dios reinará.

Eloy Alfaro viejo luchador

Hoy levantó mi voz al cielo

Que escuche mis palabras

Hablar de un líder yo quiero

Que entregó su vida, su alma.

El caudillo le decían

El hereje también

Un hombre incansable

Que a su patria le era fiel

Mil batallas perdidas

Mil derrotas él sufrió

Pero su espíritu de líder

Jamás se derrocó.

Unió la costa y la sierra

Con el gran ferrocarril

Sus ideales de una sola patria

Las llevó hasta morir

La educación laica al fin se vio llegar

Todos tenemos derechos

De decidir y estudiar.

No hay religiones no hay fronteras

Que Alfaro no supo llegar

A la mujer le dio el derecho

De elegir y superar.

En la revolución de junio

La guerra civil llegó

La liberación de nuestro pueblo

Alfaro la lideró.

Aquel montecristence

Con sangre de verdadero manaba

No le temía a la muerte

Cuando de defender a su patria se trata.

Arrastrado y mutilado

Su cuerpo incinerado

Allí estaba aquel líder innato

Que en el ejido fue derrotado.

Unos veían con asombro

La amarga suerte del desgraciado

Y otros reían a gran pulmón

Creyendo que el general murió.

Pero estaban equivocados

Aquel héroe no ha muerto

De entre las cenizas resurgió

Y su legado en la historia se escribió.

Gracias general Alfaro

Por esta patria libre

Gracias viejo luchador

En nuestras memorias tú vives.

EL EMPALME

Pueblo bizarro tu historia sagrada

La llevo en la mente y la he de contar

A todos los niños y adolescentes

Y a quienes de tus entrañas nacerán.

Dos vías se cruzan en tu corazón valiente

Y Dos vías se empalman para aperturar

Como puertas gigantes formando caminos

Fundando tu historia, engrandeciéndote más.

Fuiste un recinto en medio del monte

Aquellas montañas que te hacían prosperar

Eras de Daule, de Balzar también fuiste

Y de a paso constante parroquia te hiciste.

De hombres guerreros y mujeres hermosas

Crecías galana, su majestad

Velasco te impulsa, con decreto supremo

Te levantas orgulloso a cantón señorial.

Tus parroquias inyectan los dulces manjares

Que de la tierra emanan sin contemplación

Su gente proactiva trabaja constante

Por el progreso de su cantón.

Todos con júbilo alborozados

Salen a la calle a celebrar

Cada mes de junio en el calendario

Es una fecha para recordar.

Y cada septiembre la virgen bendice

a sus feligreses que llegan a rezar

Porque así es El Empalme, así es mi gente

Esta tierra bendita que yo siempre he de amar.

A Pichincha con amor

Oh Pichincha majestuosa y señorial

que te engalanas cada día más

con el caudaloso río Daule

con los verdes campos y el manantial.

! Cómo no enamorarme de ti

si me abriste tus puertas de par en par ¡

¡cómo no amarte así

si eres encantadora y sin igual.

De tus entrañas de madre

nace el varonil agricultor

que labra la tierra con amor

con la esperanza de un futuro mejor.

Tus mujeres hermosas

llenas de dulzura e intelecto

te hacen más grande Pichincha

¡porque te mereces respeto!

Tierra fértil y productiva

yo te venero hoy

porque eres grande Pichincha

un excelente cantón.

Manta mi ciudad

Oh Manta ciudad de encanto
Bizarro pueblo que adoro
Enamorada estoy de ti
De tus playas, de tu entorno.

Eres valiente Manta querido
No te doblegas a la adversidad
De las cenizas te has levantado
Eres ejemplo de modernidad.

De tus entrañas de madre
Nací orgullosa un día
Y me fui de tu regazo
Anhelando volver algún día
Porque eres mi ciudad natal
Eres mi inspiración, mi alegría
Mi Manta querido te añoro
ciudad de ensueño, contigo sueño.
Indeleble estás en mis pensamientos.
Y como lumbre en mi corazón

A mi Manabí querido

Tierra de ensueño mi cuna de amor
mi lugar favorito en todo el Ecuador
de tus entrañas me pariste, manaba soy
de una ciudad bendita de playa y sol.

Manabí querido, idílico lugar
Sempiterna provincia de mi alma
Eres poesía, región cultural
Manabí el encanto del litoral.

Nací aquí orgullosamente
En esta acérrima mansión
Que alberga a propios y extraños
Que abre sus puertas sin distinción.

Soy hija de una bella montubia
Que de un cholo se enamoró
En el cruce de esas dos vías
Esta mestiza nació.

Desde Alajuela en Portoviejo
En Chirijos un rincón

Nace mi madre orgullosa
De ser montubia, sí señor.

De San Vicente tierra hermosa
Nace un varonil señor
Es mi padre Don Ricardo
Un mujeriego de a millón.

Y entre valerosos hombres
Y mujeres trabajadoras
Se hace grande Manabí
Mi tierra que muchos añoran.

No hay manaba que no sea orgulloso
De decir que es de Manabí
Sea montubio o sea cholo
Nuestra tierra es un tesoro de amor.

Su gastronomía es tan única
Que quieres degustar más
Sus playas, ríos y campos
Te hacen enamorar.

Ven a Manabí primero, tierra de encanto natural.

Capítulo 4

Buenas Historias

Juegos de la muerte

La presenta historia tiene por objeto darles a conocer una situación compleja de la vida real, que nos lleva a reflexionar sobre las múltiples situaciones que se presentan en nuestra vida al trascurrir el tiempo, y aunque somos simples humanos tenemos la convicción que todo sucede por algo y que Dios nos sitúa en las más duras pruebas para hacernos más fuertes o para sentirnos débiles ante los misterio de la vida. Juegos mortales es mi primera narración y se lo dedico a quien gusten de la literatura en toda sus formas haciendo que de una u otra manera se lleguen a esclarecer los hechos en donde la policía es pieza clave para descubrir la verdad.

Salía del colegio como de costumbre, eran aproximadamente a la 12h30, nos reunimos con algunos compañeros para ir a disfrutar de los últimos días de feria pues se celebraban en nuestro pueblo las fiestas patronales de la virgen de Fátima y con ellos la algarabía de los tradicionales juegos populares, entre ellos los carruseles .

AL llegar al sitio observamos como una gran muchedumbre se agolpaba alarmada hasta la rueda moscovita, pero al ver sus rostros nos podíamos dar cuenta que algo terrible acontecía.

Mis amigos y yo nos acercamos, vimos un cuadro de horror, una niña que era socorrida por los miembros del cuerpo de bomberos que estaba atrapada entre los fierros de la rueda moscovita, con su rostro casi desfigurado, en ese momento no me había percatado que aquella infante era mi bella prima Dayana Nicol; mis ojos se llenaron de lágrimas ante tan cruel imagen , muchos comentarios de la genta decían que ella pedía ayuda porque estaba mareada , pero que el joven que manejaba la maquina no podía escuchar porque estaba con los audífonos puestos escuchando música y que la desesperación de mi prima era tanta que al mirar hacia abajo su cabello largo se enredó en uno de los fierros de la rueda haciendo fuerte presión al dar vueltas, y uno de esos fierros se incrustó en su cabeza mientras que otro fierro aprisionaba su rostro.

Mientras estaba casi sin palabras e inmóvil ante el cuadro tan desgarrador que tenía ante mis ojos; pensaba que por qué ella estaba allí a esa hora, no veía a mis tíos, luego de eso dije y la escuela ¡ella anda con uniforme, fue mi reacción, por qué, por qué estaba ahí, es decir que mi familia no sabía nada de la acontecimiento; me despedí de mis amigos y fui a casa a avisarle a mi madre y justo en ese momento una llamada telefónica daba aviso a mi familia sobre el acontecimiento.

Todos llegamos nuevamente al lugar, al ver a un profesor le pregunté por qué la niña salió temprano él contestó que no hubo clases y que los estudiantes fueron regresados a casa pero que al parecer la niña fue convencida por otra compañera para ir a divertirse sin saber que le esperaba la muerte.

Luego observé como trasladaba a la morgue el pequeño cuerpo inerte mientras que la policía hacia las averiguaciones pertinente al caso, luego de llevarlo a lo morgue, su madre esperaba en la puerta de su casa, quizás desvariando un poco, soñando despierta, pero la cruel realidad era otra, una dolorosa escenas de llanto, y al ver la horrenda imagen de un ataúd cuyo ocupante era una niña llamada Dayana Nicol. Su madre cayó desplomada al suelo, de la impresión.

La casa de mi tía estuvo llena de gente entre curiosos, familiares amigos que se condolieron de este hecho que sin duda jamás se borrará de nuestra memoria en cada año, cuando se realice la procesión de la virgen he de recordar a mi querida primita. Dayana.

La policía no pudo detener al propietario de la maquina mortal pero sí a los fierros oxidados y torcidos que aun reposan en el canchón de la PJ, porque aún siguen las averiguación para saber qué o quienes fueron los culpables de haber autorizado dejar funcionar a una máquina que según mis averiguaciones no estaban en buen estado y no debían tener permiso para funcionar, por lo que me atrevo a asegurar que no sólo el dueño de la máquina tuvo culpa, sino las autoridades encargadas de velar por la seguridad de los habitantes, y hasta los padres y madres que no se ocupan de ver si sus hijos están a salvo de tanta inseguridad.

Luego de haber pasado los días, fui a averiguar con la Policía, qué antecedente habían recogido en la reconstrucción de los hechos, pero la información era casi nula, sólo antecedentes reciente que éste caso había sido similar a otros ocurridos en Manabí, con muchos muertos y heridos.

Un caso sin resolver, una historia sin final feliz, una historia que enluta a familias cada día, pero que no dejaran de acontecer si los seres humanos no sienten conciencia de lo que pasa en su alrededor.

AMOR A MUERTE

Era una tarde de verano Karla estaba sentada en una de las bancas de su colegio pensando quien sabe qué cosas, ella una chica tranquila, introvertida casi sin amigas, dibujaba unos gráficos que le asemejaban a lo que estaba viendo, pero a pesar de la tristeza de su mirada ella era la mejor estudiante de su curso y anhelaba aprender sobre pinturas y dibujo. Hija de padres alcohólicos, Karla crecía en un hogar lleno de problemas donde jamás supo el valor que significaba un abrazo, ni la calidez de un beso tibio dado en su mejilla de aquellos quienes ella pensaba eran sus padres.

Cada vez pedía a su profesora llamar a sus padres para informarles que ella tenía que quedarse realizando tareas pedagógicas, esa era una excusa para no llegar a casa ya que sabía que siempre habría un motivo para que sus padres la maltrataran o la insultaran.

En una mañana soleada Karla amaneció sonriente porque había soñado que corría en un jardín y decidió saltar en su habitación olvidando un poco su tristeza pero la sonrisa de sus labios se apagó al chocar su mirada frente al espejo, al ver su cuerpo lleno de moretones y de cicatrices tan prominentes, las mismas cicatrices que tenía su alma; una lágrima tras otra rodaba por sus mejillas al ver su desconsolada realidad, no sabía orar pero su mirada suplicante como que decían alguien allá arriba ayúdeme y ayuda a mis padres.

Al ver la hora se dio cuenta que era tarde para ir al colegio se puso el uniforme cogió sus cuadernos y salió apresurada pero en el trayecto vio a un gatito y decidió no ir al colegio y llevarlo a su casa con ella, lo dibujó muchas veces y de diferentes formas hasta que se quedó dormida junto a él en la cama al día siguiente decidió llevar consigo al gatito dentro de su mochila pero en la hora del receso un joven se le acercó y mostrándole una foto del gatito y le dijo Misifú es mío devuélvemelo por favor al ver Karla la Foto no tuvo dudas que el lindo animalito tenia dueño, y lo devolvió con tristeza; pero mientras se va alejando Ariel, el dueño del gatito al ver su tristeza le dijo detente, te regalaré a Misifú con una sola condición, -Karla le respondió alegremente - ¡cual¡ - Ariel le dijo- que seamos amigos.

Paso el tiempo y ellos se fueron enamorando, pero ninguno se atrevía a decirlo, hasta que un día Karla se le cayó la libreta en que hacia sus dibujos y en una de sus hojas había dibujado un gran corazón con el nombre de los dos. Fue una casualidad que Ariel encontrara dicha libreta y descubriera lo que Karla sentía por él. Fue el principio de lo que Karla creía seria su felicidad.

Entonces Ariel sonrió y le dijo - yo también estoy enamorado de ti, - Karla mirándolo a los ojos como incrédula le dice ¿estás seguro? él responde sí, por qué no estar enamorado de una chica como tú; ella se lanzó a sus brazos y lo abrazó fuertemente y el también correspondió a sus abrazos y al hacerlo ella se quejó, él le pregunto ¿Qué te paso? Y agachando su cabeza dijo no es nada solo que me caí y me duele un golpe en la espalda; -está bien te llevaré hasta tu casa- Karla le dijo- no, lo siento mis padres me castigaran si me ven llegar con alguien-, está bien -dijo Ariel- no te causaré problemas con tu familia.

Karla se fue sola, cuando al llegar se percató que un carro policial estaba fuera de su casa, caminó sigilosamente y su madre alcanzó a mirarla salió desesperada y le dijo al oído -cuidado con decir algo porque te castigo-. Karla y su madre entraron mientras que en la sala les esperaba dos uniformados una señora de unos 45 años de edad quien cargaba un portafolio negro y de su cuello le colgaba una credencial que decía protección a adolecentes del gobierno local y otro joven bien parecido vestido formalmente, quien se dirigió a Karla y le dijo que se acercara que querían conversar con ella; Karla miró a su madre quien tenía una mirada amenazadora y recordó en su mente lo que le había dicho al entrar a la casa, se sentó y mientras la señora visitadora le hablaba de sus derechos como adolecente, su mente traía los recuerdos más dolorosos de su vida entre ellos cuando tenía 6 años de edad que por quebrar un florero su madre le puso una plancha en sus manos cuya cicatriz aún están vivas en su recuerdo y en sus manos o cuando tenía 12 años le vino el periodo y nadie supo explicarle por qué sucedía y se fue a la escuela ensangrentada mientras sus compañeros se reían. Cuando Karla volvió en sí, la señora le preguntó si era verdad que sus padres la castigaban por que habían recibido la denuncia de varios vecinos; Karla volteó la mirada a quien decía que era su padre y él tenía la mano puesta en el cinturón como dándole una señal de no hablar, ella miró a la señora y con voz baja le dijo- no eso es mentira- luego el joven se dio cuenta de la cicatriz en su mano y le preguntó qué le había pasado, la madre rápidamente contestó - deje la plancha conectada y accidentalmente la cogió- el joven hombre volvió a mirar a Karla esperando una respuesta de ella y Karla respondió -si eso recuerdo-.

Luego de varias preguntas en donde Karla no delato la injusticia que cometían con ella la señora se levantó y les dijo a los padres de Karla volveremos a venir, se despidieron dejando su número telefónico a Karla y se marcharon, Karla empezó a temblar pensando que recibiría otro castigo y sus padres le dijeron más te vale que no nos acusaste en nada hijita.

Karla subió a su habitación a pensar sobre lo que había pasado esa mañana, lloró mucho por las amenazas que recibió de sus padres.

Al siguiente día se fue al colegio y estuvo con Ariel todo el receso y sintió la confianza de contarle su historia, y que habían visitado su casa. Ariel le señaló que debería tomar fortaleza y solicitar apoyo - tengo miedo- le respondió Karla, él le dijo -no tengas miedo yo estoy aquí para cuidarte- y la abrazó fuertemente, ella le dijo- ¡Como quisiera no tener miedo! -

Ariel le indicó —denúncialos, si haces eso las medidas de protección a adolescentes te cuidaran-. Karla llegó a su casa y lo pensó. Decidió que iba a denunciar a sus padres.

Un día lunes se levantó y se miró al espejo decidiendo hoy es el día.

¡Se vistió, llegó al colegio y habló con Ariel sobre la decisión que había tomado; ella le repetía varias veces! ¡Nunca olvides que te amo y siempre lo hare! Ariel le manifestó, sí yo lo sé y siempre te voy amar, pase lo que pase!

Karla lo abrazó fuertemente como si fuera la última vez que estuviera junto a él.

Llegó a su casa se acordó del número de teléfono del centro de Protección de derechos de niños, niñas, y adolescentes y sin que sus padres se dieran cuenta cogió el celular se metió al cuarto y llamó, Luego les dijo ¡Por favor ayúdenme mis padres me maltratan, por favor ayúdenme!

Sin saber que su mamá estaba en el baño de su cuarto, escuchando todo.

La madre salió le quitó el teléfono y la agarró de su cabellera arrinconándola a la pared diciéndole: - ¡por qué lo hiciste! -

-Ya estoy harta de ti, si nosotros no te queremos es porque no somos tus padres, eres una recogida... - mientras el celular estaba encendido tirado en la cama, sin ser descolgada la llamada- los del **centro de Protección de derechos de niños, niñas, y adolescentes** escucharon todos los gritos de Karla y de su supuesta madre.

Karla se sintió muy mal que dijo ¡Quiero morirme! Ella lloraba desconsoladamente.

Los del **centro de Protección de derechos de niños, niñas, y adolescentes,** llegaron enseguida a la casa de Karla en busca de sus padres.

La trabajadora social llegó con los policías para hacer cumplir la medida de amparo a Karla; los padres no estaban en la planta baja, la policía, subió a las habitaciones y encontraron algo desgarrador; Karla estaba desangrándose en la bañera. Los miembros policiales actuando rápidamente, solicitaron una ambulancia, pero ya era demasiado tarde, Karla no tenía signos vitales.

La trabajadora social llegó a los 15 minutos, para corroborar el suceso. Se armó una búsqueda activa de los supuestos padres, encontrándolos a pocos metros del lugar y los llevaron detenidos hasta que el análisis de rigor al cuerpo inerte de Karla demuestra al culpable o los culpables.

Al día siguiente Ariel vio que no había llegado Karla.

La fue a buscar a la casa y cuando llegó, había un funeral.

Se acercó hasta el féretro y vio que era su amor…

Karlaaaaaa!!!! Gritó fuertemente.

¡Que alguien me explique qué te sucedió mi amor!

Los amigos, lo consolaron, y le comentaron, lo sucedido.

Mientras que en Juzgado de la Niñez se estaba tomando declaraciones a los padres de Karla. El juez dictaminó suicidio, a pesar de ello no se le quitó responsabilidad a los padres y se les otorgó la sanción de diez años de cárcel por suicidio como una forma de salida a la situación de violencia que estaba viviendo Karla.

Karla fue sepultada, por todos y todas sus amigos y familiares. La policía descubrió que los verdaderos padres de Karla habían muerto en un accidente automovilístico. La muerte de Karla, no quedó en la impunidad, los padres adoptivos estuvieron en la cárcel por diez años arrepentidos de lo que habían hecho.

Y Ariel tenía la esperanza que su amor estaba feliz en el cielo con sus padres y que ella dejó una gran reflexión, no callar jamás, recurrir a las autoridades antes de que las cosas empeoren, los niños niñas y adolescentes deben ser escuchados, no deben temer, porque no deben ser maltratados, jamás por nadie.

Al final Ariel jamás pudo olvidar a su gran amor, Cuando pasaron varios años del terrible suceso, Karla se presenta en los sueños de su amado y le dice que es hora que se dé la oportunidad de enamorarse de nuevo.

Ariel conoce a una chica en su barrio llamada Katty y ella sabe de lo sucedido con Karla, ella prometió comprenderlo y amarlo. Juntos visitan la tumba de Karla y oran por ella, Katty es una chica buena, respeta el lugar que ocupa Karla en el corazón de Ariel. Èl, ya se siente enamorado nuevamente y está feliz porque sabe que Karla está feliz al lado de sus padres y él ya tiene un nuevo amor, lindo y delicado como lo era Karla.

El Traficante

En el año de 1980 en la ciudad de Las Vegas existía un traficante ecuatoriano al que le llamaban Víctor De La A, era el fundador de uno de los casinos más grandes de Las Vegas, en todo el país él era reconocido por su fama y por las mujeres que tenía.

Una de esas mujeres era Isabel, hermana de un traficante de España pero Víctor no sabía nada hasta que un día le llegó a Víctor un mensaje diciéndole "que se separara de Isabel Martina porque estaba cometiendo un gran error ".

Y Víctor se enfureció diciendo en voz alta, ¿quién es ese q se atreve a desafiarme?

Y el mensajero dijo es "Rolando El Pancho ".

Y Víctor respondió —él era mi socio trabajábamos juntos en el negocio de las drogas y lavado de dinero -.

Pues si él quiere guerra, guerra tendremos; pero Isabel Martina es mía y no se va de mi casa y esa es mi última palabra.

En ese mismo momento el mensajero se retiró y llegó hasta donde su patrón Rolando El Pancho, y le refirió lo que Víctor le había enviado a decir; en ese mismo momento Rolando se encolerizó y les ordenó a todos que le trajeran a la hermana como sea, caiga quien caiga.

Entonces el mensajero junto a otros más se subió en las doble cabinas y montaron cacería en el casino de Víctor y luego seguirlo hasta su vivienda y así poder cumplir con el encargo del patrón. Con lo que no contaban ellos, era con que la policía tenía rodeado el casino de Víctor porque ya tenían meses siguiendo sus pasos.

Cuando Víctor salía del casino rumbo a su casa, los hombres de Rolando lo seguían a discreción y atrás de ellos la policía, con la comandante en jefe del caso Rosa Contreras. La comandante, al ver sospechosas las dos doble cabinas atrás del auto de Víctor, solicitó por radio la verificación de las placas. No podía creer lo que estaba pasando, los dos automotores estaban reportados como robados por la banda delincuencial de Rolando El Pancho. – Dos pájaros de un solo tiro- Dijo la comandante. Y solicitó refuerzo.

El guardaespaldas de Víctor, lo previno de mirar el retrovisor y se percataron que era el mensajero junto a otros carros atrás de él. Víctor era muy astuto y le pidió al chofer acelerar y virar por la ruta antigua del tren. El chofer aceleró y les dejaron el polvo a los otros que lo seguían.

Entonces en ese mismo momento, la comandante Contreras solicitó capturar a quienes iban en las doble cabinas, mientras se hacía la búsqueda de Víctor de la A.

Por otro lado, el jefe de la policía distrital llama a la comandante para que estuviera lo más pronto posible en oficina y le diera los pormenores del asunto pues no quería fracasos en un caso que se habían demorados meses y gastados recursos del estado. La comandante llegó hasta el departamento policial y le explicó el suceso. El jefe se enfureció por la arbitraria decisión de la Comandante y le ordena finiquitar el asunto en ocho días o será reemplazada en su puesto.

La comandante salió del despacho del Jefe y se dispuso a armar ideas junto a su equipo para el logro del objetivo.

Por su parte Víctor, no sabía que era buscado por la policía, Isabel Martina lo llamó para comunicarle lo que había en las noticias. Es allí cuando Víctor se percata que la policía le seguía los pasos y no podía dar papaya. Le pide a Isabel Martina que arregle su maleta y salga por la parte de atrás de la casa que el chofer la pasa recogiendo para encontrarse en la frontera e irse de regreso a

Ecuador. El chofer llega a la casa, pero está rodeada totalmente de policía y no puede llevarse a la mujer del patrón. Víctor decide irse solo y le pide a Isabel que apenas pueda se vaya a Ecuador que allá se reunirán pronto.

En la oficina de la comandante, tienen armado el plan de búsqueda, su mano derecha Juno Rosales y su equipo se disfrazarán de coyoteros en las fronteras. La comandante envía los comunicados de ordenes de captura en los aeropuertos del país y cubren todas las formas de escape de Víctor, mientras que en los calabozos presionan a los de la banda de El Pancho para dar con su escondite.

Víctor se coloca una gorra y bigote falso para ir rumbo a tranzar con los coyoteros, uno de ellos se le acerca, conversan y llegan a un acuerdo monetario. Víctor debe esperar hasta la noche para embarcarse en el bote siguiente, el agente Juno se encuentra en el lugar, pero no se ha percatado de la presencia de Víctor.

Son las once de la noche y faltan unos minutos para que el bote zarpe, Víctor va a orinar hacia al monte y recibe una llamada, es Isabel Martina; Juno está cerca también orinando; escucha la voz de quien habla por teléfono y se acerca un poco más y alcanza a escuchar el nombre Ecuador. Éste es, pensó Juno, activa el botón de alarma de su celular, mientras el coyotero hace el llamado de que suban al vote. Juno debe actuar pronto pero no sabe cuántos hombres tiene Víctor y Juno no tiene apoyo. La comandante acude con el equipo ante el botón de alarma. Al no poder hacer mucho Juno, se embarca también en el bote; suben ocho tripulantes, el bote está por salir, Juno le pide al coyotero espere un momento que se le quedó su billetera en el asiento de espera, lo hace para ganar tiempo.

Víctor se desespera y le dice al coyotero que arranque ya, el coyotero conoce a Víctor y sabe que es un magnate a quien no le gusta esperar. El coyotero, desamarra las cuerdas y Juno corre a alcanzarlo y con las últimas se sube. Víctor se le burla a verlo todo mojado intentándose subir al bote, Juno le devuelve la sonrisa para darle confianza. Empieza el dialogo entre ellos y Víctor le pregunta que por qué viaja. Juno le responde que para ir a visitar su familia que hace años no ve y que son de Colombia. Ah Colombia, hermana tierra de mi país Ecuador, le repuso Víctor. Pero no tienes el acento de colombiano parce, le dijo Víctor a Juno. Tengo cuarenta años viviendo en las Vegas de a poco se va perdiendo el acento, le respondió Juno. Entre diálogo y diálogo, ya divisaban el barco que los llevaría a sus destinos, de pronto, una sirena policial se acerca, Víctor se pone nervioso, Juno quiere cerciorarse que no es la flota costera y que es su equipo, para actuar.

Se viven momentos de tensión, se va acercando el bote y Víctor agacha su cabeza y mantiene presionado algo dentro de su camisa. Juno se da cuenta que sí es la Comandante, y saca el arma diciendo Policía de las Vegas y apunta a Víctor, todos los tripulantes llevan sus manos a la cabeza y Víctor rápidamente saca su pistola y la Comandante al ver la acción de él, le da un certero tiro en la cabeza, el disparo de Víctor da en el estómago de Juno mientras cae al agua.

Juno es llevado urgentemente en el bote policial hacia el hospital, pero murió en el camino. La comandante lloró amargamente la muerte de su mano derecha y amigo.

Sacaron del agua a Víctor y lo trasladaron hacia la morgue. La comandante llegó a su oficina y allí le esperaba el jefe, removiéndola de su cargo por el suceso acaecido, pues querían vivo a Víctor para llegar a EL Pancho.

La comandante llegó a su casa, tomó algo de alcohol mientras a su memoria venían cada recuerdo con su amigo Juno Rosales, en uno de esos sucesos recordó el mapa en el que Juno le había señalado los posibles escondites de El Pancho. Y aunque removida del cargo, por la memoria de su amigo tenía que atrapar a Rolando El Pancho.

Llamó a su equipo y les dijo que quienes aún creían en que ella los podía comandar le ayudaran, algunos compañeros dieron su paso al costado porque no querían faltar a las órdenes del jefe distrital. El equipo de Juno decidió apoyarle. Entonces armaron nuevamente el plan de búsqueda, esta vez con el mapa que Juno había delimitado los posibles lugares, y así fueron allanando cada lugar, hasta que sólo faltaban dos, uno que quedaba en el casino Las Marías cuya entrada trasera daba a un subterráneo y la casa de las Lomas.

Fueron a la casa de las Lomas y abatieron a los guardias armados en el lugar, pero él no se encontraba allí, ya sólo faltaba el casino, pidieron refuerzo de la DEA y llegaron en minutos, arremetieron con todo y encontraron a Rolando El Pancho divirtiéndose con unas damiselas del lugar. No fue necesario las balas, él se rindió al ver tantos policías en el lugar.

Las noticias corrieron a nivel internacional, la comandante Contreras fue ascendida a Jefe distrital por su ardua labor, la mujer de Víctor, Isabel Martina no pudo ser encarcelada porque tenía cuatro meses de embarazo, y El Pancho fue condenado a la pena máxima por todos los cargos impuestos.

Y las Vegas continúa como siempre, la diversión no para jamás.

El ladrón del barrio

Era una noche de tormenta, cuando en la casa de los Santisteban, la señora Margot se asomó por la ventana de la habitación y de repente sintió que los arbustos se movían y se sorprendió tanto que salió a observar que era lo que estaba pasando, y fue enseguida a la cama a buscar a su primo Derian y no estaba en la recamara ¡qué raro está todo esto, los ruidos y los movimientos de los arbustos!

Al día siguiente le conversó lo sucedido a su esposo que se encontraba en la ciudad con sus hermanas y cuñado, al escuchar lo relatado por Margot, Brenda y su esposo José, les dijeron que unos días atrás habían escuchado unos ruidos casi similares a lo que escuchó la señora Margot, a lo que el esposo de Margot les preguntó porque no habían dicho nada y Margot replicó, -tenían que haber contado lo sucedido acerca de ese ruido escuchado-, a lo que Brenda respondió, teníamos que viajar muy temprano y no creímos que fuera algo de que temer, es que a Pedro se le complicaron unos asuntos en la ciudad del Pacifico, - pero ahora que recuerdo, escuchamos unos comentarios que en la casa del vecino

Juan habían robado, pero no pudimos enterarnos bien de la situación porque justo en ese momento llegaba nuestro taxi.

-Margot recordó que el día del que hablaba Brenda y José, también Derian no estaba en su habitación, pero no se atrevía a lanzar opiniones sobre eso porque era muy delicado culparlo de algo de ésta magnitud; así que prefirió no comentar sus sospechas.

En la noche cuando ya todos estaban durmiendo escuchó José el esposo de Margot, un pequeño ruido, pero no le dedicó atención.

Al día siguiente Brenda y José despertaron muy temprano como de costumbre y al bajar por la sala que les llevaba a la cocina se percataron que todo estaba extraño y nada había en su lugar, se les habían llevado todo, refrigeradora, cocina y lo que más habían podido llevar, y muchas pertenencias de valor como perlas, y muchos trofeos.

Enseguida llamaron a Carlos Efrén un detective privado, amigo de José a quien conoció en uno de sus viajes de negocios, le comentaron sobre los robos que cada vez eran más frecuentes.

Justamente, esa mañana Rocío la vecina de los Santisteban, había salido de casa hacia su empresa, pero se le olvidó las llaves de la oficina y decidió regresar a buscarlas a su casa, antes de ingresar la señora Rita la saludó – vecina ¿cómo así de regreso? - hola vecina es que se me olvidaron las llaves- ah está bien, pase buen día Rocío- gracias doña Rita. Al entrar Rocío a casa fue directamente a su habitación y se encontró que alguien estaba allí y pudo reconocer el rostro, él, al sentirse descubierto se puso nervioso, pero todo había llegado al extremo, él sabía que si ella hablaba la muchedumbre se encargaría de cobrarle todo lo que había hecho y no le pasó nada más por la mente, forcejeó con ella y la mató.

A Rita le pareció raro que su vecina demorara tanto, llevaba dos horas adentro de la casa a ver sus llaves y aún no salía, tocó a la puerta y no contestaba, luego de una hora más al no ver respuesta de su joven vecina, dio aviso a la policía, quienes llegaron de inmediato al llamado que hiciera Rita, y se encontraron con funesta tragedia, estaba Rocío tirada en el piso sin vida.

Al enterarse la familia Santisteban de la muerte de Rocío, llamaron al detective para que averiguara el caso, y poder esclarecer si tenía relación con los robos en el barrio.

Margot conversó en privado con el detective de sus sospechas del robo, pero ella no aseguraba nada peor aún con el asesinato que hubo, ella no podía concebir en su cerebro que su primo Derian llegara a esos extremos. El detective le preguntó a Margot por qué sospechaba de un miembro de su misma familia, ella le respondió que cada vez que sucedía algo así, Derian nunca estaba y que últimamente era más encerrado en sí mismo, vestía mucho mejor y que desaparecía de casa siempre con la excusa que se iba de viaje por negocios. En ese instante, llegó Derian a casa, con una mochila tras la espalda, un poco despeinado, y con su camisa ajada; ¿el detective lo observó un poco nervioso, Derian saludó a los presentes y cuando iba a subir a su habitación, Margot le preguntó – que tal te fue? - a lo que Derian respondió, bien prima, gracias, fue un viaje algo cansado, con permiso- y se retiró- Margot solo miró al detective quien un poco pensativo tomaba nota en una libretita que cargaba en sus manos.

Mientras el detective continuaba recogiendo pistas, le pidió a Margot que tomara más tarde con un guante, la ropa que se quitaba Derian y la guardara en una funda plástica y se la llevara a la oficina y poder así tomar muestras que sirvan a la investigación. La policía por otro lado investigaba también el suceso, encontrando un arma blanca como prueba indeleble del delito.

Cada vez el asunto se tornaba más complejo no había testigos, aunque sí pistas, en esos días, aunque el barrio estaba enardecido, no había más robos, el ladrón sabía que no era el momento y que se hallaba en un gran lio, más aún si no tenía nada que ver con el asesinato, y si era el mismo, el problema era bien delicado para él, o para ellos si es que tenía cómplice, muchas versiones se tejían, todo era incierto.

Pasó un mes de todo lo acontecido, no había robos, el barrio estaba tranquilo, parecía que la muerte de Rita había servido de algo, pero no fue así, por lo menos durante ese día en que los moradores del barrio prepararon una misa en honor a Rita quien cumplía un mes de su muerte. Todos estaban en la iglesia, eran las siete de la noche cuando en la casa del doctor Ramírez, sólo estaba la empleada y el ladrón aprovechando la soledad de las casas y sin saber que Rosita la empleada del doctor estaba allí, ingresó sigilosamente, Rosita se percata empieza a gritar, pidiendo ayuda, pero nadie la escucharía porque todos estaban en la iglesia: al menos eso se creía Derian, pero Margot se sentía mal, quizás la comida le hizo daño y por eso no fue a la misa, salió a casa del doctor sin acordarse de que no estaría y escuchó el grito de Rosita, se   acordó de los robos y no se asustó sino que se escondió llegando hasta por una ventana, y desde fuera vio como un hombre flaco, alto, de tez blanca golpeaba con fuerza a la empleada dejándola en el piso, Margot al darse cuenta que era Derian, golpeó el vidrio de la ventana diciéndole,- déjala, que haces, déjala!!- Derian al ver a su prima fue en su búsqueda, a la mala la metió en la casa, estaba alterado, pero nadie sabía que Carlos, el detective contratado estaba tras la pista de Derian, llegó con la policía, antes de que su prima Margot fuera una víctima más de sus desenfrenos. rodearon el lugar, El tipo al verse sin salida salió alzando las manos, Margot, llorando de desesperación, ante lo sucedido no podía gesticular palabra alguna, la gente del barrio se encontró con ese cuadro de horror al salir de la iglesia, el doctor lamentaba la muerte de Rosita, y José abrazaba a su esposa Margot quien estaba siendo atendida por paramédicos de la policía local.

Derian fue condenado a la pena máxima por robo agravado y asesinato premeditado. La familia Santisteban no se podía reponer de lo sucedido y la gente del barrio se reunía algunas veces para contratar un equipo de seguridad con alarma cuando sucedan casos como estos y poder llamar a la policía con anticipación, además de contratar guardianía privada para el barrio.

Mariana

Cada día, cuando el invierno se acerca llegan a su mente los recuerdos más tristes de su vida. Era una noche de invierno se esperaban noticias del último vuelo a Ecuador, se rumoraba que tras la terrible tormenta el avión había perdido dirección y se habría estrellado contra las montañas provocando así una gran explosión, donde se asume que varias personas habían perdido la vida. Mariana Vera la pequeña niña de nueve años mantenía la esperanza de volver a ver a sus padres regresando a casa sin que nada les hubiese pasado, a pesar de que el trabajo los consumiera y compartieran poco con ella estos eran su única familia, los Vera habían decidido hacer un viaje de negocios a última hora, rumbo a Ecuador, era un contrato importante que definiría el éxito de sus empresas, dejando a la pequeña al cuidado de María, la hija mayor de los Moreira, María es una muchacha muy simpática, después de unas horas cuando la tormenta fue disminuyendo los rumores fueron confirmados, en los canales de televisión se difundía la noticia que destrozó a Mariana, las sospechas realizadas momentos antes se habían convertido ahora en la terrible realidad, el avión quedo completamente destruido y nadie salió ileso de esa catástrofe, circulaban imágenes de lo sucedido, la pequeña Mariana no hacía más que llorar y lamentarse por el amor que nunca se atrevió a expresarle a sus padres, su único apoyo incondicional se habría marchado a un lugar mejor, fueron los Moreira quienes se encargaron de todos los requisitos necesarios para la adquisición de los restos de sus grandes amigos los Vera, y fue así como esta familia se hizo responsable de la pequeña Mariana quien no contaba con sus padres, ni ningún familiar en este mundo.

Los años pasaron y la niña creció, la pequeña niña se convirtió en mujer, se encontraban reunidos en el bar de Ángel con la intención de celebrar el cumpleaños veintiuno de Mariana, era un lugar muy acogedor y llamativo, considerado por Mariana como el mejor de la ciudad, Ángel Moreira es su mejor amigo, compartían intereses y diversos gustos, sus padres realizaban negocios juntos y poseían una gran amistad, lo que permitió que estos dos jóvenes se unieran mucho más.

Resultaba ser una noche muy amena en compañía de sus amigos más cercanos, cada uno de ellos significaba mucho para Mariana. Charlaron por horas, contando sus experiencias obtenidas al realizar maestrías y doctorados en diversas partes del mundo, a pesar de la falta de sus padres Mariana llegó a conseguir con esfuerzo y dedicación méritos, becas y reconocimientos por sus ideas empresariales creativas e innovadoras.

Al terminar la velada como acto de caballerosidad Ángel se ofreció a llevarle, Él es un médico guapo, fornido, de cabello castaño que combina perfectamente con sus ojos cafés, se despidieron de sus amigos, y se marcharon.

En el transcurso del camino un acontecimiento curioso se suscitó, eran cerca de las 2:00 am cuando un ave impactó de repente contra el parabrisas de Ángel, localizándose en el lado izquierdo del conductor, esta acción provoco que Ángel perdiera el control del auto, asustados por lo sucedido al llegar a casa observaron consternados en el portal una pequeña cesta, por seguridad Ángel decidió revisar que contenía este curioso objeto, fue desconcertante observar lo que había dentro, era un bebe, se encontraba envuelto en mantas.

Cómo puede una madre hacerle eso a su hijo- dijo Mariana - acaso no tiene corazón

Decidieron entrar la pequeña cesta puesto que la soledad y el frio no es el mejor ambiente para nadie y eso lo sabe muy bien Mariana.

Ángel procedió a oscultar a la pequeña beba, para su suerte se encontró en buenas condiciones, a pesar que según el diagnóstico que se realizó, la niña tiene menos de veinticuatro horas de haber nacido, en esas circunstancias no pueden llevarla a una estación policial, se quedará esta noche con Mariana y al día siguiente decidirá qué hacer. Ángel se despidió de Mariana y prometió volver para ayudarle con la denuncia policial.

Fue una noche muy larga, Mariana recordó aquellos días en el orfanato, algo que pocos sabían es que ella había sido adoptada por una familia de empresarios que habían llegado de visita al país. Aquellos empresarios que por una fatalidad del destino les tocó morir de una manera impensable pero que por ser empresarios de mundo y de negocios estaban asegurados ante cualquier percance, aunque de eso hasta el momento no se enteró Mariana.

Tantas ideas, pensamientos y hasta sentimientos encontrados tenía Mariana mientras observaba aquel rostro angelical que dormía plácidamente en esa acogedora cama de la habitación. Su mente divagaba entre incógnitas y suspiros. Tan misteriosa es la vida que a cada paso que damos nos da lecciones de vida, y hasta nos enseña a saber vivir en un mundo tan cambiante como el que vivimos, -eme aquí- dijo entre dientes y mirando a la pequeña dormir- Mi historia, ahora es la tuya y creo saber qué tengo que hacer-repuso mientras se acostaba junto a la pequeña dándole un beso en su mejilla.

Al día siguiente, el llanto de la pequeña anunciaba un nuevo amanecer, Mariana despertó y con el sentido maternal que tienen todas las mujeres, se puso en pie a prepararle algo de tomar, pero sólo tenía frutas, jugo y nada que darle a la hambrienta bebe; y mientras pensaba cómo hacer para alimentarla, sonó el timbre de la puerta y como un ángel de la guarda el doctor tras la puerta, ella sonrió al verlo mientras él le decía — imaginé que necesitarías esto- mostrándole los pañales, biberón y leche entre sus manos.

Él pasó a revisarla mientras Mariana corrió a la cocina a preparar el biberón,
 – que te parece Mía?- Mìa?- repitió Ángel; sí, su nombre – respondió Mariana. Ah muy dulce, corto pero dulce-repuso Ángel.

Ella agarró a la niña entre sus brazos mientras la alimentaba, - es muy tierna, la observaba anoche mientras dormía y me parece injusto que tenga un destino tan cruel- afirmó Mariana con un poco de enojo.

Ángel observaba a Mariana, descubriendo esa belleza interna que ella desplegaba, aquella belleza que no había descubierto siendo amigos de universidad, maestrías y salidas, tanto tempo viéndola como… una hermana? . Fácil enamorarse de una mujer como ella, pensaba mientras disimuladamente observaba sus gestos al hablar. – puede tener un mejor porvenir si tú la adoptas- le dijo Ángel - Adoptarla?, ¿es un paso gigantesco, aunque...- respondió Mariana- aunque qué, acaso tienes miedo de no ser una buena madre para ese angelito? - le repuso Ángel.

-Sí, puede ser, quizás es un aviso del destino, que justo en mi cumpleaños esta ternurita llegara a mi puerta- respondió Mariana. Y muy decidida afirmó que haría todo lo posible de adoptar a Mía, salieron con la niña en brazos hacia la delegación de policía, explicaron la manera en que encontraron a la niña en el portal de la casa pero además Mariana empezó los trámites para una posible adopción. Además solicitó a los jueces poder cuidar de Mía hasta que encontraran a sus padres o poder adoptarla, a lo que los jueces aceptaron, luego de algunas preguntas de rigor que le hicieran a Mariana.

Excelente cumpleaños el de Mariana, un regalo de la vida sin duda tener a una pequeña inocente entre sus brazos para mimarla y darle todo el amor que necesita hasta que se decida su destino, hasta tanto algo inquietaba un poco el corazón de Ángel al ver a Mariana con ese sentido maternal. Uno de esos días llega María, la hermana de Ángel a visitarla y a conocer a la pequeña Mía y además a ofrecerle cuidarla mientras Mariana hace sus proyectos para la empresa comercial que quiere formar. María le comenta el cambio que está notando en su hermano en su forma de vestir antes de ir al consultorio, y sospecha de alguna paciente que quizás lo tiene enamorado.

Mariana promete descubrir quién es la dama que tiene el corazón de Ángel inquieto, ya que jamás se han ocultado nada. Al final del día llega Ángel a casa de Mariana con algunos utensilios y materiales de aseo infantil como una excusa para que Mariana no se percatara de los sentimientos que brotaban como ráfagas en su corazón.

Ella empezó sutilmente a hacerle preguntas para descubrir el porqué de su cambio, pero no logró nada en el primer intento, aunque quizás podría ser alguna de sus clientes ya que últimamente Ángel la visita muy seguido. Mariana pensaba que aquella mujer podría vivir cerca del departamento de ella, puesto que luego de la cita él se queda donde ella y con una pinta de coqueto enfiestado.

Pasaron los días y Mariana recibió la llamada del Departamento de Bienestar Social, para que se acercara con Mía. Mariana en ese momento tenía prevista una reunión con los empresarios de una marca muy conocida, así que llamó a Ángel para que le ayudara, Ángel estuvo lo más rápido que pudo a la puerta de Mariana y quedaron de acuerdo que él llevaría a la niña mientras ella se reunía con los empresarios y luego ella los alcanzaba.

Así fue, Mariana cerró un buen trato con los empresarios, se despidió, se subió a su viejo pero amado carro y llegó hasta el DBS en donde la Jueza expedía una decisión, que la niña para ser adoptada debería ser por una pareja bien formada. Mariana con un poco de enojo pero respetuosamente le dijo a la Jueza que ella tenía un excelente trabajo, que era empresaria independiente y que sus maestrías y doctorados le aseguraban un buen porvenir a Mía. A lo que la Jueza se sostuvo en su decisión, pero Ángel, al ver el rostro desencajado de Mariana, miró hacia la Jueza y dijo con voz fuerte, - Señora Jueza. Permítame- a lo que la jueza asintió con la cabeza- prosiguió Ángel- Mi novia aquí presente y yo tenemos proyectado casarnos el año entrante..- Mariana lo mira desconcertada, mientras la jueza interrumpe- Sólo si son pareja formalizada que quiere decir unidos formalmente ante un juez, así que les doy 30 días desde la fecha para formalizar su enlace y realizar los trámites de adopción- Mariana seguía sin palabras mientras que Ángel asintió con la cabeza ante la jueza y dijo así será, agradeciendo a la Jueza.

Llegaron a casa de Mariana sin decir una sola palabra, ella no sabía que decir y él a pesar del amor que estaba sintiendo por ella tampoco sabía de dónde sacó la fuerza para decir lo que dijo. Se miraron a los ojos y ella soltó la risa y le siguió el juego y los dos carcajearon a más no poder. Ella creyó que un gran amigo como Ángel decidió apoyarla en un momento como ese, más aún sabiendo del cariño tan fuerte que estaba sintiendo por Mía; Ángel le siguió la corriente porque no tenía valor aun de decirle sus sentimientos.

Los dos decidieron seguir con lo planeado, más aun si se conocían casi a la perfección, pasarían la prueba de un matrimonio normal, sólo le contaron a María, la hermana de Ángel y le explicaron el porqué de todo. Fue allí el momento en que María vio un brillo particular en los ojos de su hermano y descubrió quien era la mujer por quien él ha cambiado hasta su forma de vestir. También se percató que Mariana aun no lo sabía.

Mariana y Ángel llegaron hasta el registro civil y María llevando a Mía en los brazos fue testigo de la unión matrimonial. Luego de eso, María propuso que salieran los dos a festejar el negocio que había realizado con los empresarios, como una manera de ayudar a su hermano en ese camino de conquista a aquella niña a quien ella cuidaba mientras sus padres habían ido a ese viaje sin retorno, aquella niña que ahora es una mujer de gran corazón dispuesta a dar su vida por ese angelito que encontró en el portal de su casa.

Mariana y Ángel bailaron y se divirtieron como siempre lo hacían, aunque jamás se pasaban de tragos, pero estaba vez había muchos motivos para celebrar, más aún para Ángel, que aún no creía el paso que había dado con su mejor amiga, con la mujer que vio siempre como su hermana y que por su sentido maternal descubrió que la amaba y que tal vez siempre la amó.

Entre risas, tragos y baile ella se acercó mucho hacia Ángel y tierno beso, pero en medio de lo acontecido, ella se sintió incómoda sin entender por qué sucedió. Él le dijo que ya era hora de irse, la llevó hasta su casa, le pidió a María que se quedara con ella y con la niña cuidándolas mientras él se fue en su auto.

Al día siguiente, María ya tenía listo el biberón de Mía y una taza de café bien cargado para Mariana. María ya era una mujer de 46 años, pero aún seguía siendo esa bella mujer que era cuando cuidaba de Mariana, sus padres siempre se negaron a que tuviera algún romance.

Al despertar Mariana, María le dio la taza de café y Mariana le contó lo que había sucedido a lo que María tuvo que contarle de sus sospechas sobre Ángel y el amor secreto que tenía. Mariana no podía creerlo. Allí ataba cabos y se daba cuenta de la realidad, pero no entendía porque Ángel jamás le dijo nada.

Los días fueron pasando y se cumplían los 30 días estipulados por la Jueza, Mariana y Ángel tenían que pasar la prueba, preguntas de rutina para saber si es verdad que hay comunicación entre ellos como pareja formal y sin conflictos.

Mariana respondía a todas las preguntas acertadamente ya que conocía a Ángel como a la palma de su mano y Ángel de igual manera, pero a una pregunta no supieron responder, se refería a la intimidad; Mariana se sonrojó pero Ángel detalló tan dulcemente – Cuando ella duerme es el momento más hermoso para mí porque siento que cuido de su sueño, a cada momento quiero protegerla, y al despertar sabiendo que tuvo un día muy difícil de trabajo, la despierto con un beso en la frente y le digo hoy yo te preparé el desayuno amor- ella lo miró pero esta vez con otra mirada- la jueza siendo mujer le encantó escuchar ese relato matinal del esposo enamorado y dijo- yo como Jueza de éste distrito y con la autoridad que me confiere el estado doy en adopción a la niña Mía a la pareja conformada por el señor y la señora Moreira. – Ellos se levantaron y se abrazaron fuertemente mientras María les acercaba a Mia junto a ellos.

Todos salieron del lugar sabiendo que un nuevo reto familiar tenían que afrontar, Mariana le pidió a Ángel que le diera tiempo para asimilar una posible relación amorosa, y así la vida llena de misterios a veces y con sorpresas agradables o desagradables siempre, hoy sonrió a Mariana, más aun cuando los padres de Ángel le dijeron a Mariana sobre el seguro de vida que tenía que cobrar de sus padres al cumplir 21 años, que sería una gran suma de dinero y a la que Mariana ofreció dar la mitad a el orfanato de donde sus padres la adoptaron.

Las estrellas brillan aún en las noches más oscuras.

Sueños de quinceañera

Cuando en la tierra se hizo imposible vivir, y la catástrofe fue inminente, las guerras entre EE.UU con Siria, Japón, y Rusia hizo colapsar las economías de los países pequeños, y el meteorito que cayó en el 2023 en América, y en Haití en 2026 creó más caos porque la contaminación fue más fuerte y las nuevas enfermedades eran incurables, cada día cientos, miles, millones de personas morían, muchos ya no creían en su Dios, la piedad no existía, los enfermos morían sin ser enterrados, y la peste de los cadáveres humanos y de semovientes contaminaban aún más el ambiente.

El proyecto VIDA EN EL HORIZONTE se hizo realidad en el 2047 pero para uno miles, quienes tenían recursos para entregar todo y obtener un pase a la nueva vida en el espacio, SATURNO, una nueva casa.

Corría el año 2052, Mary, hija del Presidente de Ecuador, un país pequeño pero Revolucionario, soñaba con su fiesta de quinceañera, su padre había guardado fotos de los quince años de sus otras dos hermanas, y ella vivía ilusionada con su fiesta rosada; Mary siempre les decía a sus hermanas —quiero tener mi fiesta- pero su padre había quedado desprovisto de dinero, el pago fue muy alto por salvar su vida y la de su familia; y en esos cinco años de estar allí, el costo de la vida era oro puro.

Mary, solo tenía 10 años pero su inquietud por cumplir 15 era grande; en ocasiones salía a ver las estrellas en el firmamento, éstas se veían tan cercas que parecía poderse agarrar una y colocársela en el cabello. Mary se maravillaba con el tiritar de ellas.

Un día la familia y las niñas decidieron dar un paseo, y vieron que llegaba al aeroespacio un cohete, pero éste, era algo extraño, nada parecido a los que ellos utilizaron para llegar al nuevo planeta, nadie estaba alrededor, solo Mary y su familia, se acercaron para observar al nuevo habitante de Saturno pero al ver que nadie salía, pensaron que quizás se les había trabado la puerta, pero al acercarse más, una fuerza extraña los jaló a todos hacia dentro del cohete, pero cayeron a un vacío, como si estuviera en otra dimensión; Mary y sus hermanas se asustaron, pero su papá les dio aliento, de repente salieron unos cuerpecitos extraños, muy diminutos, y tras de ellos un joven muy apuesto con una corona en la sien, se dirigió a las jovencitas y les dijo que no se asustaran que era el Rey de Persia y ahora Rey del espacio y que aquellos diminutos hombres eran enanos amigos suyos que actuaban como guardaespaldas.

Mary se acercó al joven rey y le dijo al oído, que, si en cinco años él sigue siendo rey, le hiciera su fiesta rosada; el Rey sonrió y le respondió a Mary que cumpliría su deseo.

Y así sucedió, en el 2057 llegó el día esperado, Mary recibió tantos regalos como quisiera, danzó con su padre, con el mismo rey, Mary estaba dichosa porque a pesar de todas sus tristezas y las de su familia al haber dejado morir al planeta tierra, aún quisieran volver para celebrar sin contaminación alguna su fiesta rosada.

¡De pronto se escucha la voz de mamá, -Mary a levantarse! Hay que ir a clases, Mary despierta y todo ha sido un sueño, aunque para ella le pareció tan real. Mary se levanta, se viste y baja a desayunar para luego irse al colegio, el televisor está prendido y se escuchan las noticias, el presidente de Ecuador en cadena Nacional informa de las catástrofes que están afectando al país y del posible colapso de nuestro planeta, Mary mira a sus padres y a sus hermanas que están llorando, y grita noooo nooo yo quiero vivir en mi planeta!!, sus padres no entienden por qué lo dice, pero ella sí; ha soñado con el futuro.

Vida prestada

Todo comienza en una casa humilde de un barrio de Caracas en donde Alfonso Agilarte y Esmeraldas Rodríguez, aún en su pobreza deciden tener un hijo y sacarlo adelante.

9 meses después

En el centro de la ciudad y con mucho dinero, la prestigiosa familia Ricaurte con su cadena de revistas "Bella" Antonio y Cristina Ricaurte, después de tanto insistir en la casa de adopción y sin respuesta alguna, toman la gran decisión de su vida y llaman a un reconocido traficante de niños llamado José Luis alias "licho", para encomendarle ese encargo le dice a su mano derecha Felipe Reyes marido de Ana Carina Rodríguez, hermana de Esmeraldas Rodríguez, que le consiguiera un niño como sea, que una familia apellidada Ricaurte lo estaba necesitando y que había mucho dinero de recompensa. La búsqueda se hizo casi imposible, llegó a casa y observó a su cuñada Esmeraldas a quien odiaba, que estaba en sus días de parto y pensó en la gran oportunidad que tendría al robarle al niño cuando naciera. Luego de pocos días Esmeraldas dio a luz a un varón, Alfonso aprovechó el nacimiento del niño para celebrar su llegada, llamó a familiares y vecinos de Esmeraldas a una reunión y festejar con su cuñada la llegada de César Augusto. Después de que llegan todos a felicitar a los flamantes padres, Esmeraldas deja al niño dormidito en su cuna y sale a recibir a sus visitantes quienes le llevan obsequios para el bebe, están conversando sobre el nombre que le pondrán, -César Augusto- dijo Esmeraldas muy sonriente, todos estaban en un momento ameno, en ese descuido de recibir a su visita, entra Felipe sin ser visto al cuarto en donde está el pequeño César Augusto, lo toma y se lo lleva junto a sus compinches Ramón y Julio quienes también habían sido invitados, ellos ya estaban esperándolo fuera de la casa haciendo cortina para que todos les saga perfecto, se lo entregan a su jefe "licho" y él les da el dinero pactado, llegan nuevamente a la reunión como que si jamás se hubieran ido.

Al rato luego de haber pasado momentos alegres con la visita, Esmeraldas y su esposo se despiden alegremente de sus visitas y un poco cansados del ajetreo van a la habitación para descansar junto a su niño, pero al ver su cuna vacía se asustaron tanto y empezaron a buscar y a llamar entre sus familias y amistades y nadie lo tenía, la preocupación fue creciendo cada vez más, cuando llamó a su visita y nadie le daba respuesta, hasta el mismo Felipe y sus secuaces dijeron lo mismo. Los nervios hacían presa de los jóvenes padres, cuando Esmeraldas soltó el llanto y Alfonso empezó a dar golpes en la pared.

Luego de unos momentos, Alfonso saca fuerzas y llama a policía, ellos llegan hasta la casa, recogen algunas versiones, va a casa de las amistades y vecinos que estuvieron en la reunión en casa de Esmeraldas y Alfonso, pero no se esclarece nada, pero el amor por ese hijo no los derrumbaría, más bien harían todo lo posible por continuar su búsqueda a toda costa.

18 AÑOS DESPÙES...

Arnaldo José Ricaurte (César Augusto Rodríguez), es nuevo en la Universidad de Caracas pero se enamora perdidamente de Alejandra María Gutiérrez, una muchacha sencilla, humilde quien vivía en los barrios bajos. Luego de acercarse por varias ocasiones Arnaldo consiguió que ella se enamorara de él, durante cinco meses vivían un romance de telenovelas, hasta que la mamá de Alejandra descubrió que su hija andaba con un ricachón y no aceptó esa relación porque sabía que esos jóvenes solo querían jugar con los sentimientos de niñas ingenuas como Alejandra, pero Alejandra no quería hacer caso. Una vez la mamá de Alejandra le pidió a su mejor amiga (Esmeraldas) que la acompañe a la universidad para vigilar a su hija, ella accedió a pesar de que prefería encerrarse en su casa a ver pasar las horas del reloj.

Cuando ellas llegan, Alejandra estaba dándole un beso a un chico, sólo se veía su espalda pero la mamá de Alejandra le dijo a Esmeraldas, - él es ese vividor aprovechado, el que está de espaldas, vamos va a ver que mi hija si tiene quien la defienda_ Ellas se acercaron pero pasó algo inaudito, cuando Esmeraldas se chocó con la mirada de Arnaldo José, una lágrima salió de sus ojos, el corazón le empezó a palpitar aceleradamente sin explicaciones, mientras él la quedó mirando como si ya la conocía de algún lado, al ver esto Alejandra, le pregunta a Esmeraldas, - ustedes ya se conocen?- - qué se van a conocer- dijo la madre de Alejandra- si Esmeraldas casi nunca sale de su casa-.

Disculpa, lo siento- dijo Esmeraldas- yo no sé qué me sucedió, quizás la comida me hizo daño-. No se preocupe señora, pero parece que yo la haya visto en algún lugar, su rostro me llama la atención- dijo Arnaldo José- No lo creo quizás me parezco a alguien que usted conoce-

repuso Esmeraldas, - Bueno bueno, basta de presentaciones- dijo la madre de Alejandra, y pro siguió- aléjate de mi hija, no quiero verte cerca de ella, no te vas a burlar de ella como hacen todos los hombres como tú, vamos Alejandra, vente conmigo. – Alejandra para no hacer molestar más a su madre que ya tenía varios días un poco débil y enferma, le hizo caso y la siguió.

Alejandra y Arnaldo José seguían viéndose a escondidas pero cada vez menos porque Alejandra tenía que cuidar a su mamá a quien le habían diagnosticado cáncer y estaba en sus últimos días de vida. Esmeraldas le comentó lo sucedido a su esposo, que no sabía cómo explicar lo que le había pasado, pero Augusto le dijo que quizás recordó que su hijo tendría la misma edad que el joven.

La mamá de Alejandra murió, ella quedó sola y Arnaldo José ahora podía entrar a su casa, tuvieron muchas noches de pasiones y en uno de esas, Alejandra queda embarazada, luego de eso, Arnaldo José decide llevársela a casa y se la presentó a sus padres quienes a pesar de todo el dinero que tenían eran buenas personas, pasaron los meses y llegó el día de parto, Alejandra y Arnaldo José tuvieron un lindo varón, Alejandra llamó a la mejor amiga de su madre para darle la noticia, y Esmeraldas le dijo que iría a visitarla, aunque Augusto no se encontraba le diría a su hermana y su cuñado que la acompañara.

Así fue, llegaron hasta la nueva casa donde ahora vivía Alejandra, una gran mansión en comparación de la pobreza en la que vivían ellos. Pero al presentarle a sus suegros, Felipe se dio cuenta que era la misma señora de la foto que "licho" le había mostrado cuando robaron al niño de Esmeraldas. Preguntó cuál era su apellido y cuando le dijeron Ricaurte, no tuvo dudas, ese joven era el hijo de Esmeraldas, su sobrino político, pero no podía decir nada porque después descubrirían todo.

Esmeraldas cuando volvió a ver a Arnaldo José sintió el mismo latido fuerte en su corazón, pero ésta vez supo controlarlo, estuvieron cerca de una hora de visita en aquella mansión y se despidieron.

Cuando el pequeño bebe cumplió 10 anitos, a Alejandra le descubrieron la misma enfermedad de la mamá y pudieron descubrir que era hereditario, Arnaldo José y sus padres gastaron hasta el último centavo de su fortuna para lograr salvar la vida de su único amor, estuvieron viajando a varios países y con doctores diferentes durante cinco años pero todo el esfuerzo fue inútil, no lograron salvarla, Arnaldo José se sumió en el vicio del alcohol y su hijo que ya tenía 15 años al sentirse sólo y desamparado encontró "amigos" en las calles, le dieron a probar cocaína y se volvió adicto, lo hicieron ingresar a una banda de delincuentes pero antes de ingresar tenía que matar a alguien y lo hizo pero sumido en la droga, sin conciencia. La policía lo agarró y lo metió preso, salió en los periódicos y allí Esmeraldas se percata que era el hijo de Alejandra, y acude a la casa de Arnaldo José y lo ve todo acabado, Esmeraldas lo abraza fuerte y le pide que ya no beba más que lo haga por su hijo y por su esposa muerta, pero Arnaldo no reacciona aún y continúa bebiendo.

Mientras tanto en la policía, alguien reconoce al asesino de su hermano, - él es señor policía, él mató a mi hermano a sangre fría_ dijo un joven que vio cuando Andrés el hijo de Arnaldo José mató a un joven de su misma edad.

Dieron sentencia a Andrés, pero le rebajaron la pena a la mitad por colaborar con la justicia y asi pudieron agarrar a la banda completa, pero entre ellos estaba Felipe.

Las noticias daban la bomba del año, cogieron a Licho y su banda, cuando Augusto vio a Felipe, llamó a su cuñada para ir a la penitenciaría a averiguar porque Felipe está preso, seguramente era una confusión decía Augusto.

Cuando salían de la casa, llegaba justamente Esmeraldas, le dijeron lo que ocurría y salieron juntos, al llegar al lugar, ya algunos habían confesado todas las fechorías que habían hecho, entre ellos Licho quien culpó directamente a Felipe por el robo de un niño hace muchos años atrás. Cuando Felipe no tuvo salida, le tocó confesar que aquel niño era el hijo de su cuñada Esmeraldas y de Augusto.

Cuando la hermana de Esmeraldas escuchó esa confesión, sintió tanta repulsión por aquel hombre que desconocía siendo su esposo por tantos años, había cambiado el destino de toda una familia, sólo por dinero. Cuando Esmeraldas se enteró por lo que le contó su hermana se desmayó y tuvo que ser llevada al hospital, habían sido muchas emociones en tan pocos días; y eso que aún no sabía en manos de quien habían dejado a su hijo.

Arnaldo llegó hasta la penitenciaría a la hora de la visita, apenas divisó a Felipe fue a su encuentro y le dio una bofetada tras otra que le rompió el tabique y se fue en hemorragia, y le exigió le diga que pasó con su hijo, Felipe al verse indefenso ante la furia de Alfonso, le dijo que su hijo era Arnaldo José Ricaurte y le confesó como llegó hasta manos de la familia Ricaurte el niño hace varios años.

Cuando Augusto era separado de la humanidad de Felipe, por los guardias de turno, Andrés, hijo de Arnaldo José se le acercó a Augusto y le dijo, ¿- tú eres mi abuelo? - .

Arnaldo sin saber que responder en medio de tanta emoción, abrazó tan fuerte a su nieto y le pidió perdón por no haber cuidado a su padre como lo merecía, porque en medio de la pobreza jamás su nieto iba a estar encarcelado.

Cuando Augusto Salió de la penitenciaría fue en busca de su hijo y lo encontró una vez más sumido en el alcohol, y lo agarró y lo llevó al baño le abrió la ducha lo cambió de ropa y le preparó una taza de sopa caliente. Cuando Arnaldo José estaba repuesto, Augusto le comentó todo lo que había sucedido, y justamente en ese preciso instante los padres adoptivos de Arnaldo José, llegaban de la iglesia, se veía su cansancio en la mirada, pero Arnaldo José no pudo aguantar más y les preguntó si lo que decía Augusto era verdad.

Los señores Ricaurte, muy arrepentidos del delito que habían cometido, confesaron a su hijo que era cierto, pero que lo amaban y que él lo era todo para sus vidas.

Arnaldo José muy confundido con todo lo sucedido, reaccionó y preguntó por su hijo, -donde está Andrés_ Había estado sumergido en el alcohol que no midió el tiempo.

Al enterarse que su hijo estaba encarcelado, fue a buscarlo junto a quien ahora sabía que era su padre, mientras que le pidió en frente de sus supuestos padres a Augusto que a pesar del delito de sus padres, no los acusaran, -prométamelo por favor- le dijo Arnaldo a Augusto. Y Augusto respondió que tendría que conversarlo con Esmeraldas.

Llegaron a la penitenciaría y al ver Andrés a su padre le pidió perdón por haber sido un mal hijo, pero Arnaldo al abrazarlo le respondió que él no tenía nada que perdonarlo, que también tiene culpa por abandonarlo cuando más lo necesitaba.

Historias sin resolver

Un 22 de octubre. Marina se encontraba internada en un centro de rehabilitación debido a una extraña esquizofrenia que sufrió después de asesinar a su familia, fue una historia controversial no hubo periódicos ni nadie que hablara de aquel suceso.

El periodista William Works quiso investigar aquella historia ya que nadie se había atrevido a hacerlo, él se dirigió al centro donde estaba internada Marina, los guardias le dejaron pasar porque era un periodista muy famoso.

Marina se encontraba con la mirada perdida, su cabello cubría parte del rostro.

William entro en conversación con Marina ya que él sospechaba que ella no había asesinado a su familia, pero a Marina no se le entendía nada ya que no podía pronunciar bien sus palabras, ella solo se limitó a llorar.

Marina no dejaba de ser un misterio ya que no tenía motivos de asesinar a su familia.

Al segundo día, William el periodista volvió a visitarla, pero esta vez, ella ya no estaba en el centro psiquiátrico, se había ido dejándole con la recepcionista una caja de madera color roja para el periodista.

Al llegar a su casa el periodista tenía miedo de abrirla ya que no sabía que habría dentro de la misteriosa caja, pero él sabía que debía hacerlo; encontró una carta.

La emoción era cada vez más fuerte ya que Marina le pedía a William que la ayudara, la fotografía era la de su familia dos días antes del accidente, pero la fotografía contenía a cinco personas, pero solo fueron asesinadas cuatro, la quinta fue un testigo, también le pedía que no buscara.

El periodista miraba con atención la fotografía, pero no podía reconocer a la quinta persona, pero había algo raro la fecha de la fotografía no coincidían con la fecha del suceso.

El 26 de octubre el periodista recibe una visita inesperada era la del señor Smith jefe de William le preguntó por qué estaba investigando un caso sin su autorización. William le contestó, que también tenía libre albedrío y podía investigar lo que le parecía bien. El jefe se retiró.

William pensaba y pensaba recorría su habitación pensando tal vez querrá la fortuna, o estará ocultando la verdadera historia, el periodista comenzó a leer el libro encontrándose con la dirección del panteón de San Pedro.

Al día siguiente William se dirigió a su trabajo, pero Smith lo había despedido.

William aún más con coraje decidió seguir investigando dirigiéndose al panteón San Pedro, era un lugar solo con ramas secas y el pasto quemado con un color amarillento.

Primero se dirigió a la bóveda, la primera en encontrar fue la de Carolina William comenzó a excavar con sus manos y sus dedos, sus manos ya no aguantaban más, pero seguía y seguía hasta sangrar, pero William no quería darse por vencido hasta cuando encontró el ataúd ya sin fuerza, pero logro abrirlo encontrándose con la sorpresa de que no había cuerpo; En su lugar reposaba una pila de juguetes.

El periodista iba armando las piezas del rompecabezas, investigó a Smith y a su esposa, el historial médico de la esposa de Smith informaba que sufría de esquizofrenia, y su nombre era Carolina

Todo le quedaba claro a William, Smith fingió la muerte de su esposa para recibir la herencia y el seguro de vida. Y como la policía encontró sólo cuatro cadáveres debía refundir en una casa de salud mental a su esposa Carolina. Los medios de comunicación no publicaron la noticia porque Smith es el mayoritario dueño de los medios en la ciudad y manejó a discreción el asunto. Y la policía archivó el caso. Ahora Smith estaba en peligro al descubrir la cajita de pandora, buscó a Carolina y se la llevó muy lejos de la ciudad, con medicamentos y al aire libre, fue recuperándose y la ternura con la que William la atendía la hacía enamorar...

Así empezó la historia...

Un 5 de agosto, la familia Rojas iba a mudarse de casa Saúl y Marina y sus hijos Jaime, María y la mayor de nombre Carolina.

Smith era amigo de Saúl, pero a Marina no la convencía esa amistad eran buenos socios y Saúl le confiaba todo hasta lo iba a dejar a cargo del periódico.

Marina no veía con buenos ojos esa amistad hasta hacia muecas ella presentía algo raro en ese hombre.

Marina con su astucia cambio la herencia y se la dejo a Carolina.

Alguien sonó la puerta a tal punto de derribarla con un martillo era un hombre con la cara cubierta golpeo a Saúl con una arma y Saúl cayo con la nariz destrozada Marina corrió a sacarle la máscara y resulto ser el mejor amigo de Saúl ; Luego se dirigió a sus hijos el primero fue Jaime Marina fue a defender a su hijo pero el atacante la golpeo en las rodillas y la lanzo al suelo a Jaime le destrozó el cuello luego fue por María a ella también la golpeo Marina se arrastraba por el piso por defender a sus hijos pero nada podía hacer.

Marina solo gritaba y lloraba, Carolina corrió a encerrarse a su habitación.

A Marina le dio un golpe en el estómago y se tiró sobre su cabeza mirándolo fijamente al hombre ya que su familia había muerto y llena de mucha sangre el hombre sacó un arma y le disparo a Marina.

Smith revolvió las cosas de las casas para simular un robo, subió a la habitación de Carolina, derrumbó la puerta y se la llevó y la encerró en un centro de salud mental, la hizo firmar un documento en donde aparecían como casados

"La muerte de Capiruso"

"La muerte de Capiruso" narra la historia de una banda organizada de narcotraficantes que habían elegido al Ecuador como su escondite perfecto para elaborar los extractos de cocaína. No hubiesen caído sino fuera por un error fatal que cometieron, matar a una humilde familia del sector, sin saber lo que les ocurriría por este error.

Amigos lectores les ofrecemos esta obra, que nos lleva a afirmar que todo en esta vida se sabe, y el secreto de Capiruso no era la excepción.

Un agente del FBI fue amenazado de muerte al descubrir una banda de narcotraficantes, la más dura de Colombia, eran los dueños de esos territorios, exportaban droga a Venezuela, Ecuador, Chile, Perú, Argentina, etc. Pero su cargamento más pesado era trasladado a Chone en la provincia de Manabí en Ecuador; el gobierno ecuatoriano estaba tras la pista de algunas figuras del hampa con la participación del FBI desde Estados Unidos, con agentes encubiertos.

Los capirusos, unas bandas bien organizadas realizaban el traslado de la mercancía en avionetas de bajo vuelo para esquivar los radares existentes en algunos puntos estratégicos de Manabí, era muy difícil de dudar de ellos porque vivían con lo necesario para no despertar sospechas, pero ayudaban con parte de ese dinero a combatir la delincuencia.

Pero ya sabían que andaban pisándole los talones, porque varios agentes habían estado cerca de dar con ellos y su escondite, pero eran eliminados, y para no dejar sospechas los dejaban tirados en cunetas o barrancos como para que pensaran que eran asaltados.

Una noche cuando todos dormían un curioso campesino se acercó a observar por qué se veían tan misteriosos aquellos hombres que tenían pocos meses ahí pero no conversaban con nadie, justamente cuando veía que alguien estaba despierto quiso retroceder para irse sin que nadie lo notara pero tropezó con una escalera que estaba en el suelo, y se percató que lo vieron y salió corriendo a su casa donde estaba su familia, pero para capiruso en esta clase de negocios no puede haber cabo suelto, envió a dos de sus camaradas para que resuelvan el problema.

Al día siguiente la noticia recorrió todo el pueblo de Chone, una familia muerta a balazos fue hallada en su propia casa, cuando Capiruso vio la noticia por la televisión insultó a quienes fueron a ser el trabajo sucio, cuando la presentadora de la noticia dijo "niño se salva de la muerte" Capiruso les ordenó que encontraran al niño donde estuviese. A medida que paso el tiempo el niño fue creciendo, pero en su memoria llevaba el recuerdo de su familia, a quienes tenía que vengar para que descansaran en paz, Julio el niño que se hizo joven con el pasar de los años, se unió a las fuerzas especiales y le contó a su jefe inmediato, lo que le pasó a su familia y ellos le dijeron que iban a empezar las investigaciones para atrapar a la banda de los Capirusos, al investigarlos, las fuerzas especiales no se imaginaban que se encontrarían no sólo con los asesinos de una humilde familia, sino con una gran organización internacional de narcotraficantes, lo más buscados en muchos países, sin saberlo Julio, recibiría una gran recompensa ofrecida por el estado ecuatoriano y por el Gobierno de los Estados Unidos por ayudar a capturar a esta banda.

Julio estaba pendiente de los resultados de las investigaciones pero no le alegraba tanto todo el dinero que recibiría, aún sentía que eso no era su felicidad, sin querer escuchó una conversación estratégica de los comandos de las fuerzas especiales, el lugar y la fecha exacta en donde capturarían a Capiruso y su banda, Julio sabía que a pesar que le ofrecieron ayudarlo y meter a Capiruso tras las rejas, eso no era suficiente, por eso se adelantó a los hechos, y suspicazmente llegó al escondite de Capiruso, espero que se durmieran los secuaces, luego al observar al que quedaba de guardia, lanzó una piedra del otro lado, mientras el que hacía la guardia iba a averiguar quién hizo ese ruido, Julio se metió sigilosamente, a la habitación en donde dormía el jefe principal de la banda lo drogó con un pañuelo en su nariz, y luego lo sacó sin que los demás se dieran cuenta, Cuando capiruso reaccionó, estaba amarrado de un árbol, de pie en un banco, mientras Julio recordaba la escena terrorífica de su familia muerta, lo golpeaba con toda la fuerza de su tristeza, lo golpeo hasta cansarse, hasta que sus energías se agotaban, mientras que Capiruso le decía "te doy toda mi fortuna y me sueltas", y él respondió - tu fortuna no vale nada yo lo que quiero es a mi familia, y tú ya no puedes traérmela de vuelta maldito- riéndose le decía Capiruso -tu familia nunca va regresar, tu familia murió como perros, por meterse en lo que no debían, al escuchar eso Julio se llenó de ira, y se armó con un madero, y empezó a golpear el banco donde Capiruso estaba parado, dejándolo caer. Ya cuando Capiruso estaba casi asfixiado y como pidiendo ayuda, Julio se le acercó y le dijo -el que a hierro mata, a hierro muere-. Y en silencio dijo mirando al cielo Dios mío perdóname, pero tenía que hacerlo.

Julio se marchó del lugar, y no se supo más de él, aunque algunos libros que narran la historia de la banda de Capiruso dicen que cobró el dinero de la recompensa por la captura de los otros hombres de la banda y se marchó a Bolivia con la novia que tenía, seguramente tendrá una nueva familia y su vida será tranquila.

Por amor al dinero

En la ciudad de Caracas de la "República Bolivariana De Venezuela" vivía una mujer de nombre Natacha Solórzano y sus tres hijos; Víctor, Hugo e Ignacio Miranda. Ella era originaria de Brasil, su familia estaba en su país de origen y su ex esposo también. Natacha estaba en Venezuela porque tenía miedo que su ex les quitara a sus hijos, pero al verlos un poco mayores, decidió emprender el viaje de regreso a su tierra, en Sao Paulo.

Natacha llegó a casa de su hermana Luzmila junto a sus tres hijos, Natacha se enteró que el padre de sus hijos estaba en Estados Unidos y se sintió aliviada, matriculó a sus hijos en el colegio más cercano y vivían tranquilamente. Pasaron los días, meses y años y los hijos de Natacha ya no eran unos niños, el trabajo que había conseguid o como empleada doméstica le ayudaba para enviar a dos de ellos a la universidad, los jóvenes lograron graduarse, Víctor como ingeniero, Hugo llegó a ser médico cirujano, e Ignacio quien fue el último en graduarse llegó a ser un gran arquitecto; los jóvenes por obtener las calificaciones más altas, la misma universidad les conseguía un empleo, ellos le pedían a su madre que ya no trabajara, que ahora era diferente y ellos podían mantenerla, pero a ella le gustaba sentirse útil.

Transcurrieron los días, de pronto alguien llama al teléfono de la casa, Natacha contesta, no podía creerlo del otro lado del teléfono el mismísimo Carlos Miranda llamaba, con voz casi agónica le pedía a Natacha que salieran de allí que estaban en peligro, ella y sus hijos, Natacha no entendía que pasaba, le pedía a Carlos que le explique por qué tenía que irse ella y sus hijos de allí. Carlos no podía hablar claramente, pero alcanzó a decirle que estaban en peligro y no habló más. Natacha insistía, Carlos dime por favor, Carlos, pero Carlos ya no respondía.

Natacha sin saber qué hacer, le contó a su hermana lo sucedido, la hermana de Natacha le dijo que hace años Carlos había salido huyendo de Brasil porque andaba en malos pasos y que era mejor que se fueran al interior del país por un tiempo hasta ver qué pasa. Natacha llamó a sus hijos y les contó lo que acontecía y que debían irse al interior del país, a casa de los abuelos, Víctor no quería irse porque justamente presentaría un proyecto a la empresa que le dejaría gran rentabilidad, pero la mamá insistió en que sólo sería un corto tiempo hasta que el papá se comunicara con ellos.

Para tranquilidad de su madre, los tres jóvenes profesionales pidieron vacaciones en sus trabajos y acompañaron a su madre al interior del país.

De pronto cuando estaban por salir, observan a lo lejos, una fila de carros que se dirigían a la finca en donde ellos estaban, Martha, tía de los jóvenes, llama rápidamente a la policía local, mientras les pide a Natacha que salgan por la puerta trasera y se vayan hasta la casa de los Goveiras.

Martha sale con una escopeta recortada a la puerta y observa como se bajan de los carros, todos armados, ella les dice que salgan de su tierra, pero arremeten contra ella y le preguntan por Natacha y sus hijos; Martha les dice que no están allí, que se fueron a Venezuela, pero los hombres no le creen, la golpean varias veces para sacarle información, pero ella sigue sin decirles nada.

El tuerto, uno de los que comandaba esa invasión les dijo a los hombres que buscaran por los alrededores y mataran a quienes se atravesaran en sus caminos y que les trajeran a Natacha y sus hijos.

Llega la policía al lugar y cruzan balas, El Tuerto les dice que hay que abortar la misión, y como pudieron se subieron a sus carros y huyeron. La policía emprende la persecución, mientras Martha casi agoniza en casa y sin que nadie la socorra, se había enterado de la muerte de Carlos y no podía morir sin contárselo a su hermana.

De pronto, escucha la sirena policial que se acerca a la finca, escucha unos pasos y era el agente Do Santos, amigo de la familia, vio a Martha en el piso y llamó una ambulancia, Martha le dijo que si llegaba a morirse, le contara a su hermana que el padre de sus hijos había muerto en Estados Unidos. La ambulancia llegó y se llevó a Martha al hospital, pero en el camino, Martha no resistió y murió.

El agente Do Santos acudió hasta la finca de la familia Goveiras y les contó lo sucedido a Natacha y a sus hijos, Natacha, lloraba desconsolada y culpándose de lo ocurrido. Hugo la consolaba, le suministró un calmante y regresaron a casa para darle sepultura a Martha. Ignacio le dijo a su madre y a sus hermanos que por él no importaba comenzar desde cero pero que era mejor regresar a Venezuela, que a pesar que el papá nunca se interesó por ellos, su amor al dinero lo hizo cometer tantos errores que hasta le costó la vida de él y de su tía y que no esperaba que alguno de ellos les sucediera algo porque allí no aguantaría tanto dolor.

Los hermanos estuvieron de acuerdo en regresar, y Natacha les agradeció por estar siempre juntos. El agente Do Santos llegó a informarles que se había capturado a la banda delincuencial y que una millonaria recompensa se les entregaría a ellos por la captura.

Así, regresaron a Venezuela y vivieron en tranquilidad, siempre recordando a su querida Martha.

15149973R00080